처음 읽는 에너지

Discovering Energy
by Veronica Sanz and Johannes Hirn and illustrated by Eduard Altarriba

Illustrations © Eduard Altarriba, 2019.
Copyright in the Work © GMC Publications Ltd, 2019.
This translation of Discovering Energy 9781787080485 is published by arrangement with Button Books, an imprint of GMC Publications Ltd through Orange Agency.
Korean translation © Dourei Publication Co., 2022.
All rights reserved.

이 책의 한국어판 저작권은 오렌지 에이전시를 통해 Button Books, an imprint of GMC Publications Ltd와 독점 계약한 도서출판 두레가 갖고 있습니다. 저작권법에 의하여 한국 내에서 보호를 받는 저작물이므로 무단 전재와 복제를 금합니다.

처음 읽는 에너지

요하네스 히른·베로니카 산스 글 • 에두아르드 알타리바 그림 • 이충호 옮김 • 김선배 감수

두레아이들

차례

태양에서 오는 에너지	6
에너지란 무엇인가?	9
바람의 힘	10
바람의 힘을 이용하는 기계	12
물의 힘	14
수학과 역학	16
열에너지	18
증기	20
에너지를 측정하는 방법	22
오염	24
에너지 변환과 전달	25
전기란 무엇인가?	27
전지	28
전력망 구축	29
전자기력	30
발전소	32
화석 연료	34
내연 기관	36
제트 기관	37
핵분열	38
청정에너지	40
핵융합	42
전자기 복사	44
태양 에너지	45
광전지	47
스마트 그리드	48
우주 탐사	49

우주에는 수천억 개의 은하가 있고, 은하마다 수십억 개에서 수천억 개의 별이 있어요. 별 내부에서는 아주 작은 입자들이 서로 충돌하면서 막대한 에너지를 만들어 내는데, 이 에너지가 세상의 모든 것을 움직이고 굴러가게 해요. 이 에너지는 빛과 입자의 형태로 별에서 빠져나와 우주 공간을 여행하지요.

그러한 별 중 하나인 태양은 지구에서 1억 5000만 km나 떨어져 있지만, 지구에서 살아가는 모든 생명에게 필수적인 에너지를 공급해요. 이 에너지는 식물을 자라게 하고, 식물은 동물을 먹여 살려요. 태양의 에너지는 석유와 석탄, 천연가스에도 저장돼 있는데, 사람들은 이 에너지를 끌어내 사용하는 방법을 발견했지요.

과학자들은 햇빛으로 전기를 만드는 방법도 알아냈어요. 또, 태양열은 바람을 만들어 내는데, 우리는 바람을 이용해 전기를 만드는 방법도 발견했어요. 이 책에서는 에너지가 얼마나 흥미진진한 방식으로 우리의 삶에 영향을 미치는지 살펴볼 거예요.

태양에서 오는 에너지

태양에서 날아오는 에너지는 지구에서 살아가는 모든 생물에게 꼭 필요해요. 태양에서 출발한 에너지는 1억 5000만 km의 우주 공간을 지나 우리에게 자연의 빛과 열을 공급해요. 태양에서 온 열이 지구에 왔다가 다시 우주 공간으로 빠져나가려고 할 때, 공기 중의 기체 분자들이 그 열을 붙들어 온실처럼 지구를 따뜻하게 덥혀요. 이런 기체들을 **온실가스**라고 부르는데, **이산화탄소**(CO_2)는 주요 온실가스 중 하나예요.

식물

식물은 대부분 햇빛과 물과 대기 중에 있는 이산화탄소 기체를 사용해 영양분을 만들어요. 이 과정을 광합성이라고 불러요. 나무와 그 밖의 식물은 이렇게 햇빛을 사용해 당류를 비롯해 자라는 데 필요한 물질을 만들어요.

동물

동물은 식물이나 다른 동물을 먹고 살아요. 동물은 식물에 저장된 에너지를 사용해 자라거나 움직여요. 이 에너지는 동물의 몸에 저장돼 있다가 필요한 순간에 꺼내 쓸 수 있어요. 또는 그 동물이 다른 동물에게 먹히면, 에너지는 다른 동물의 몸으로 옮겨가 저장되지요. 소화와 호흡 과정에서 일어나는 화학 반응으로 식물에 저장된 이산화탄소 중 일부가 빠져나와 공기 중으로 들어가요.

불

100만 년도 더 전에 초기 인류는 몸을 따뜻하게 하거나 조리를 하거나 위험한 동물을 쫓기 위해 불을 사용하기 시작했어요. 나무 같은 땔감이나 식물이 변해 생긴 석탄을 태우면, 우리가 호흡할 때와 비슷하게 그 속에 들어있던 이산화탄소가 대기 중으로 빠져나가요.

근육 에너지

우리 몸의 근육은 우리가 움직이는 데 도움을 주어요. 근육은 수축하거나 짧아지면서 끌어당기는 힘을 내지요. 이 과정을 근육 긴장이라고 불러요. 긴장이 풀리면 근육은 원래 길이로 돌아가는데, 이와 함께 근육에 붙어 있는 뼈들도 움직여요. 우리는 이 근육 에너지를 사용해 팔과 다리를 비롯해 신체 활동에 필요한 그 밖의 모든 것을 움직여요.

초기 인류는 근육의 힘을 사용해 집을 짓거나 필요한 일을 했어요. 오늘날의 사람들도 똑같이 근육의 힘을 사용하지만, 기계를 이용해 훨씬 쉽고 빠르게 일을 하지요.

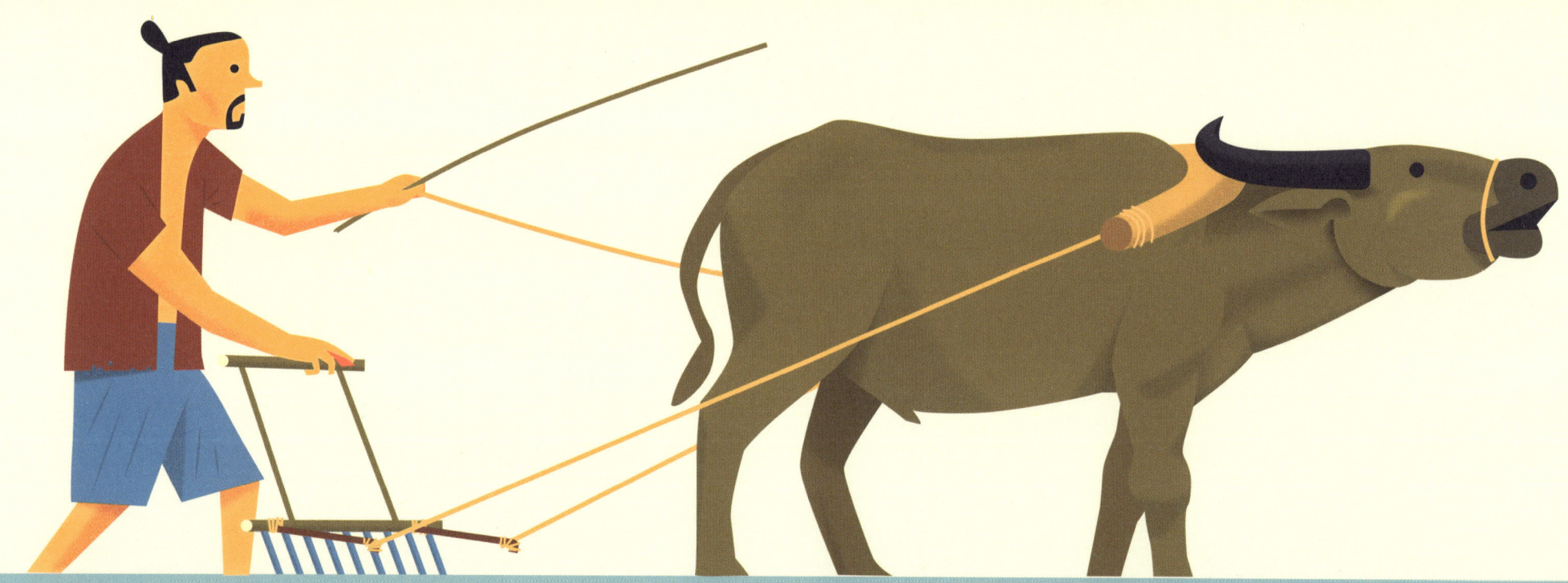

사람들은 동물의 힘을 이용하는 방법도 터득했어요. 직접 뛰어가는 대신에 말을 타고 가는 방법으로 훨씬 빨리 이동할 수 있었지요. 또, 소에게 무거운 쟁기를 끌게 함으로써 농사짓는 데 큰 도움을 받았어요. 이 동물들은 사람보다 훨씬 크고 근육도 훨씬 커서 사람보다 더 많은 에너지를 근육에 저장할 수 있어요.

에너지란 무엇인가?

아리스토텔레스

과학자들은 어떤 물체에 힘을 가해 그 물체를 움직이게 할 때, 일을 한다고 말해요. 예컨대, 공을 발로 차 힘을 가하면 공이 움직이지요. 회의를 하면서 자리에 가만히 앉아 중요한 말을 주고받는 사람들은 실제로는(물리적으로는) 아무 '일'도 하지 않지만, 그 사람들은 일을 한다고 말해요.

사람들은 물체가 움직인다는 사실은 진작부터 알았어요. 그러나 물체가 어떻게 그리고 왜 움직이는지는 아주 오랫동안 알지 못했어요. 그러다가 고대 그리스의 유명한 철학자 아리스토텔레스가 물체는 가끔 아무 일도 하지 않지만, 언젠가 어떤 일을 할 잠재력이 있다는 사실을 깨달았어요. 이렇게 물체가 지닌 잠재적 에너지를 위치 에너지라고 불러요. 따라서 가만히 정지해 있는 공도 언덕 아래로 굴러 내려갈 수 있는 위치 에너지가 있어요. 이렇게 물체가 일을 할 수 있는 능력에 에너지라는 이름을 붙인 사람도 아리스토텔레스예요.

위치 에너지와 운동 에너지

아리스토텔레스는 또한 시위를 잡아당긴 활에도 위치 에너지가 있다는 사실을 알아챘어요. 궁수가 시위를 놓으면, 활에 저장돼 있던 위치 에너지가 화살을 빠른 속도로 날아가게 하지요. 이렇게 저장돼 있던 위치 에너지가 풀려 나오면 운동 에너지로 변해요.

시위를 놓지 않고 당기고만 있는 한, 위치 에너지는 활에 저장돼 있어요. 그랬다가 시위를 놓는 순간, 위치 에너지가 풀려 나오지요. 이렇게 해서 활의 위치 에너지는 화살의 운동 에너지로 바뀌고, 활은 일을 하지요.

범선 시대

지금까지 알려진 바로는, 돛은 약 4400년 전에 나일강에서 최초로 사용되었어요. 고대 이집트 뱃사람들은 배에 추진력을 얻기 위해 돛을 이리저리 움직여 돛에 바람이 최대한 많이 실리게 했어요. 그러면 바람이 돛을 밀면서 바람을 받는 쪽의 압력이 더 높아져요. 그 결과로 돛과 배는 압력이 높은 쪽에서 압력이 낮은 쪽으로 움직이게 되지요.

바람의 힘

배는 단순한 가로돛을 사용한 고대 이집트의 배에서부터 마스트가 5개나 있고 강철로 만든 거대한 상선에 이르기까지 다양했어요. 오랫동안 사람들은 바다와 강, 해양에서 탐험하고, 무역을 하고, 또 전쟁을 하거나 즐기는 데 바람의 힘을 이용했어요.

먼 옛날에 뱃사람들은 배가 움직일 수 있도록
바람을 보내 달라고 신에게 기도했어요.
그러나 오늘날 우리는 태양열이 공기를 움직이기 때문에
바람이 일어난다는 사실을 알고 있지요.

바람은 그 속도(풍속)와 세기와 방향이 수시로 바뀝니다. 그래서 뱃사람들은 바람이 어디서 불어오는지 잘 살펴보고 추적해야 했습니다.

N(북) / NW / NE / W(서) / E(동) / SW / SE / S(남)

11

바람의 힘을 이용하는 기계

밀을 빻아 밀가루를 만드는 데 쓰던 맷돌은 무거운 돌들로 만들었어요. 그런데 사람들은 맷돌을 직접 돌리거나 동물의 힘을 빌려 맷돌을 돌리는 대신에 바람의 힘으로 맷돌을 돌리는 방법을 알아냈어요. 이게 다 풍차라는 똑똑한 기계 덕분이었죠.

바람이 날개를 밀어 풍차를 돌려요.

날개

톱니바퀴

풍차 내부에 있는 톱니바퀴들이 수직 방향으로 도는 날개의 운동을 수평 방향으로 도는 맷돌의 운동으로 바꾸어요.

맷돌

밀가루

맷돌

바람을 많이 받도록 풍차 전체가 토대 위에서 방향을 바꾸며 돌 수 있어요.

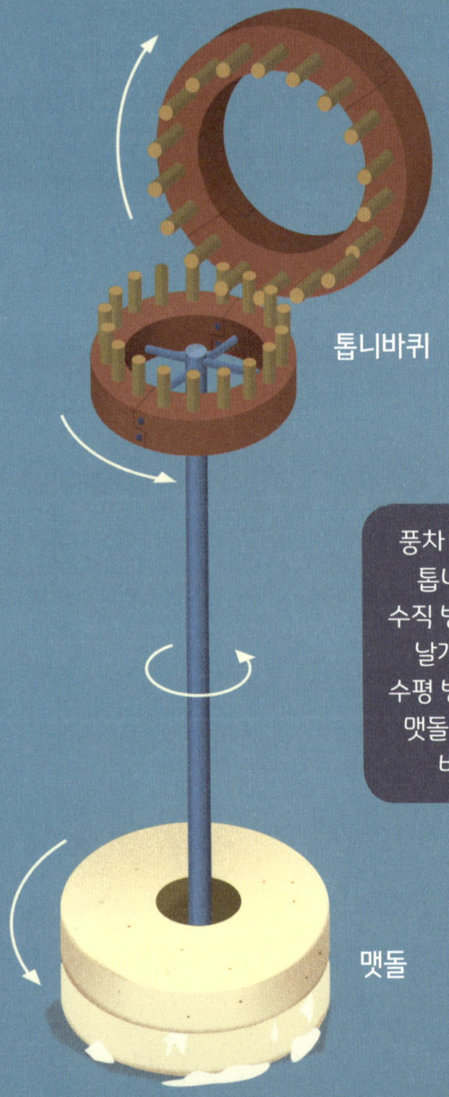

12

대기

달에도 바람이 불까요?

공기는 아무것도 없는 텅 빈 공간이라고 생각하기 쉬워요. 그러나 사실 그 속에는 질소와 산소, 수증기 같은 기체 성분이 들어 있어요. 지구 주위는 공기로 이루어진 대기로 둘러싸여 있지만, 달 주위에는 대기가 없어요. 달에는 공기가 없기 때문에 바람도 없고 무언가 날릴 수도 없어요.

아폴로 계획*에 따라 달에 간 우주 비행사들은
땅에 국기를 세울 때, 국기가 쫙 펼쳐진 모습으로 보이도록 하려고
위쪽 가장자리에 막대를 댔어요.
달에는 바람이 불지 않으니, 그러지 않았더라면
국기가 아래로 축 처지고 말았을 거예요.

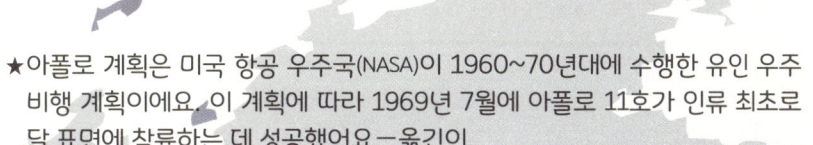

★아폴로 계획은 미국 항공 우주국(NASA)이 1960~70년대에 수행한 유인 우주 비행 계획이에요. 이 계획에 따라 1969년 7월에 아폴로 11호가 인류 최초로 달 표면에 착륙하는 데 성공했어요—옮긴이.

물의 힘

댐은 물의 흐름을 막기 위해 강을 가로질러 세운 거대한 둑이에요. 높게 쌓은 댐 때문에 생긴 호수의 물은 **위치 에너지**를 갖게 되죠. 댐의 수문을 열면, 지구의 **중력** 때문에 물이 아래로 쏟아져 내리지요. 중력은 모든 것을 지구 중심 쪽으로 끌어당기는 힘이에요. 동물이 나무에서 떨어지고 아이스크림이 땅에 떨어지듯이 물도 중력 때문에 아래로 떨어져요. 물은 아래로 흐를수록 점점 속도가 빨라지고, 어떤 물체에 **에너지**를 **전달**함으로써 물체를 밀 수 있어요.

수차는 물이 흐르는 힘을 **원운동**으로 바꾸어요.
이 원운동을 이용해 풍차와 비슷한 기계들을 돌릴 수 있어요.
이렇게 수차는 강이나 개울이 흐르면서 만드는
에너지를 이용할 수 있게 해 주어요.

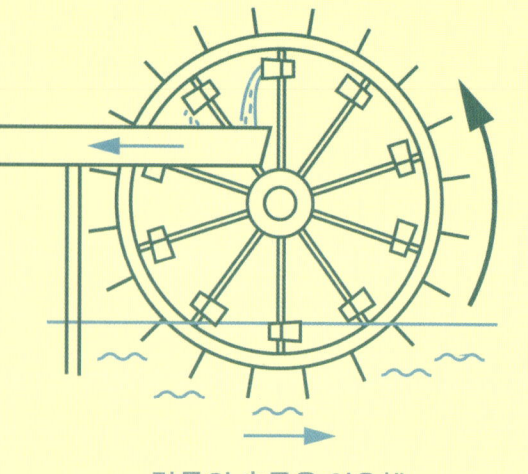

강물의 흐름을 이용해
물을 길어 올려요.

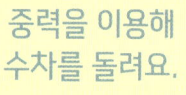

강물의 흐름을 이용해
기계를 돌려요.

중력을 이용해
수차를 돌려요.

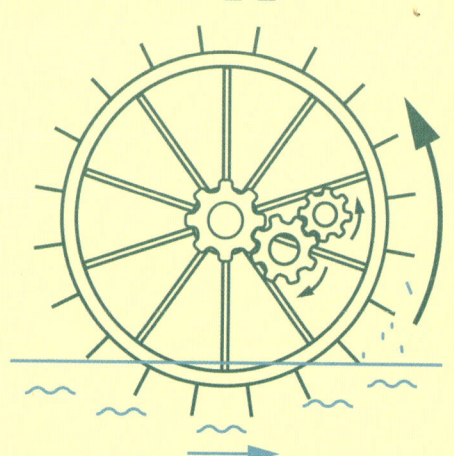

강물의 흐름을 이용해
톱니바퀴를 돌려요.

수차

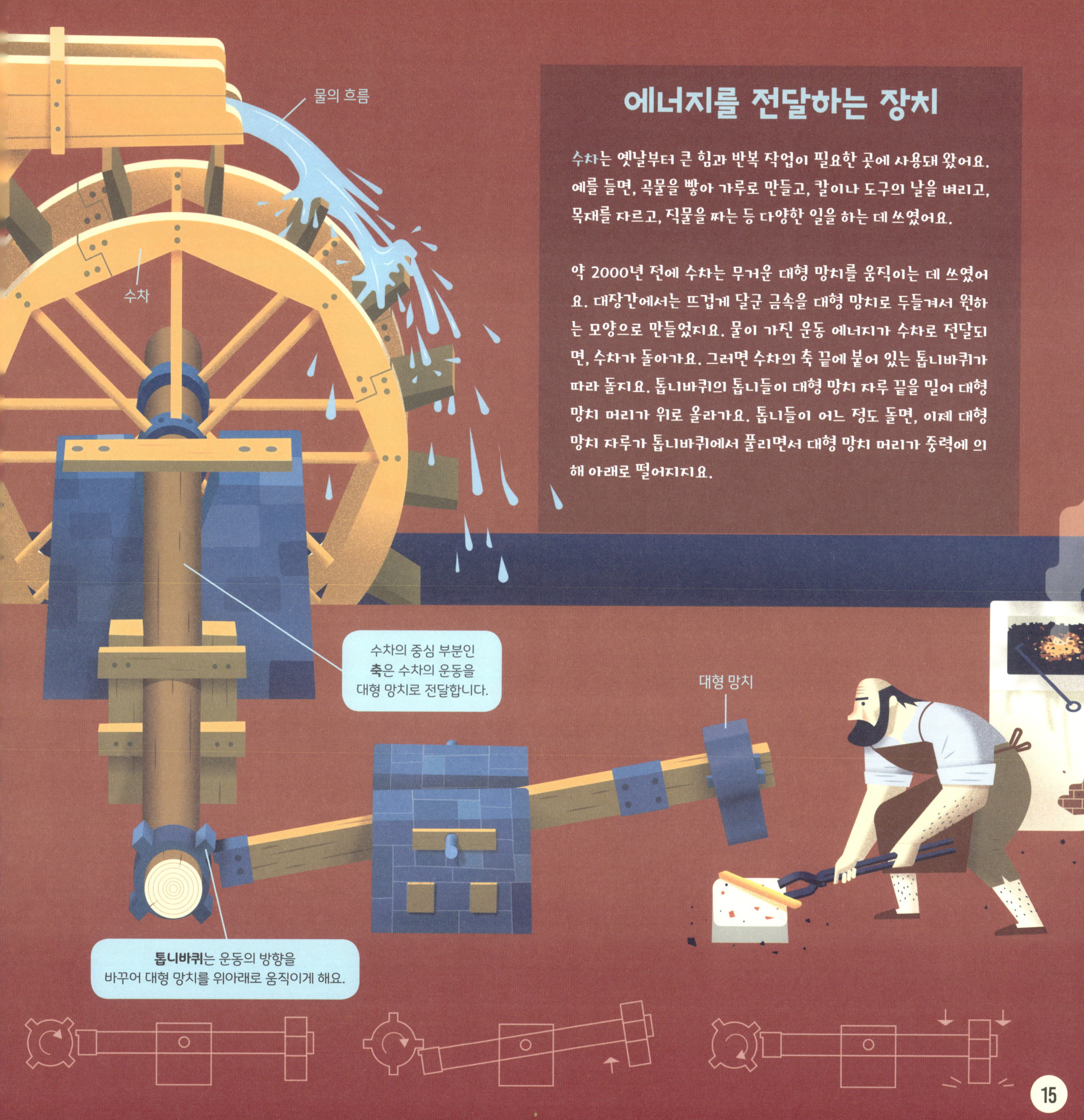

과학사

아주 오래전부터 수학은 일상생활에서 곡물과 기름, 술을 비롯해 여러 가지 물건의 양을 측정하는 데 널리 사용되었어요. 또, 물건 값과 비용을 계산하는 데에도 쓰였지요. 그런데 얼마 지나지 않아 똑똑한 사람들은 우주 전체를 수학으로 나타낼 수 있다는 사실을 깨달았어요.

천문학자들은 수천 년 동안 밤하늘에서 별과 행성의 운동을 관측하고 연구했어요. 그러다가 그 운동에 일정한 형태와 반복되는 규칙이 있다는 사실을 알아챘고, 행성의 위치를 점점 더 정확하게 측정하기 시작했어요. 그다음에는 태양계 모형을 만들어 행성들의 운동 형태와 규칙을 이해하려고 노력했어요.

갈릴레오 갈릴레이와 아이작 뉴턴 같은 초기의 과학자들은 하늘의 행성들에 적용되는 운동의 법칙이 지상의 물체들에도 적용된다는 사실을 알아챘어요. 예를 들면, 지구에서 사과를 땅으로 떨어지게 하는 힘은 행성을 태양 주위에서 궤도를 돌게 하는 힘과 똑같은 힘이에요.

과학은 인류가 자연의 작동 방식을 이해하는 데 도움을 주었어요. 이 지식을 바탕으로 공학자들은 많은 기계와 장치를 만들어 우리의 삶을 바꾸어 놓았어요.

→ 갈릴레이

진자는 줄 끝에 추를 매달아 좌우로 자유롭게 왔다 갔다 하게 만든 장치예요. 갈릴레이는 실험을 하면서 시간을 잴 필요가 있을 때 진자의 규칙적인 운동을 그 기준으로 사용했어요.

→ 뉴턴

뉴턴은 자연의 기본 법칙을 몇 가지 발견했고, 그것들을 수학 방정식으로 표현했어요.

갈릴레이는 물체가 아주 높은 곳에서 땅으로 떨어질 때 어떤 일이 일어나는지 확인하는 방법도 생각했어요.

시계와 로봇

사람들은 시간을 정확하게 측정하기 위해 단순한 진자에서 시작해 벽시계와 손목시계처럼 복잡한 기계도 만들었어요. 심지어 기계적 작업을 수행하는 로봇도 진자의 원리를 바탕으로 한 기계에서 시작되었어요.

이 기계들에는 태엽을 감아 에너지를 저장하는 장치와 그 에너지를 방출하는 타이머와 단추, 그리고 운동을 다른 곳으로 전달하는 톱니바퀴가 포함되어 있었어요.

마법의 장치

지능 로봇처럼 스스로 알아서 체스를 두는 인형인 투르크(Turk, '터키인'이라는 뜻—옮긴이)는 1770년경에 만들어진 장치예요. 투르크는 유럽과 아메리카의 뛰어난 체스 선수들과 많은 시합을 벌여 이겼어요. 그런데 사실 이 장치는 속임수였어요. 장치 속에 체스를 잘 두는 사람이 들어가 인형을 조작했거든요. 톱니바퀴 장치로 운동을 전달함으로써 전통적인 터키인 복장을 한 실물 크기의 인형이 체스판의 말들을 이리저리 움직였어요.

열에너지

날마다 아침에 해가 떠오르면 주변 환경이 따뜻해지는데, 우리 몸은 이 변화를 온도로 느껴요. 너무 더우면 우리 몸에서는 열을 식히기 위해 땀이 나지요. 주변의 공기가 찰 때에는 몸을 따뜻하게 하려고 근육이 저절로 떨려요. 우리가 따뜻하거나 차갑다고 느끼는 이 변화는 에너지의 한 형태인데, 열에너지라고 불러요.

대장간 일

대장장이는 석탄을 태워 얻은 열로 금속을 가열해요. 그래서 금속이 물렁물렁해지면, 금속을 두드려 원하는 모양으로 만들지요. 석탄은 수억 년 전에 태양 에너지를 저장한 식물이 땅속에 묻혀서 생긴 것이에요. 석탄을 태우면 이 에너지가 밖으로 나오지요. 그 강한 열이 금속으로 전달되면 금속이 뜨거워지면서 물렁물렁해지고, 대장장이는 그것을 다듬어 연장이나 기계로 만들어요.

풀무는 공기를 불어 넣는 장치예요. 공기 중의 산소는 물체가 잘 타도록 도와주지요.

물체가 가열되면 어떤 일이 일어날까?

여러분을 포함해 모든 물체는 분자라는 작은 입자로 이루어져 있어요. 분자는 다시 더 작은 입자인 원자로 이루어져 있고, 원자는 원자핵과 전자로 이루어져 있으며, 원자핵은 양성자와 중성자로 이루어져 있어요. 이 입자들은 가만히 있지 않고 항상 움직여요.

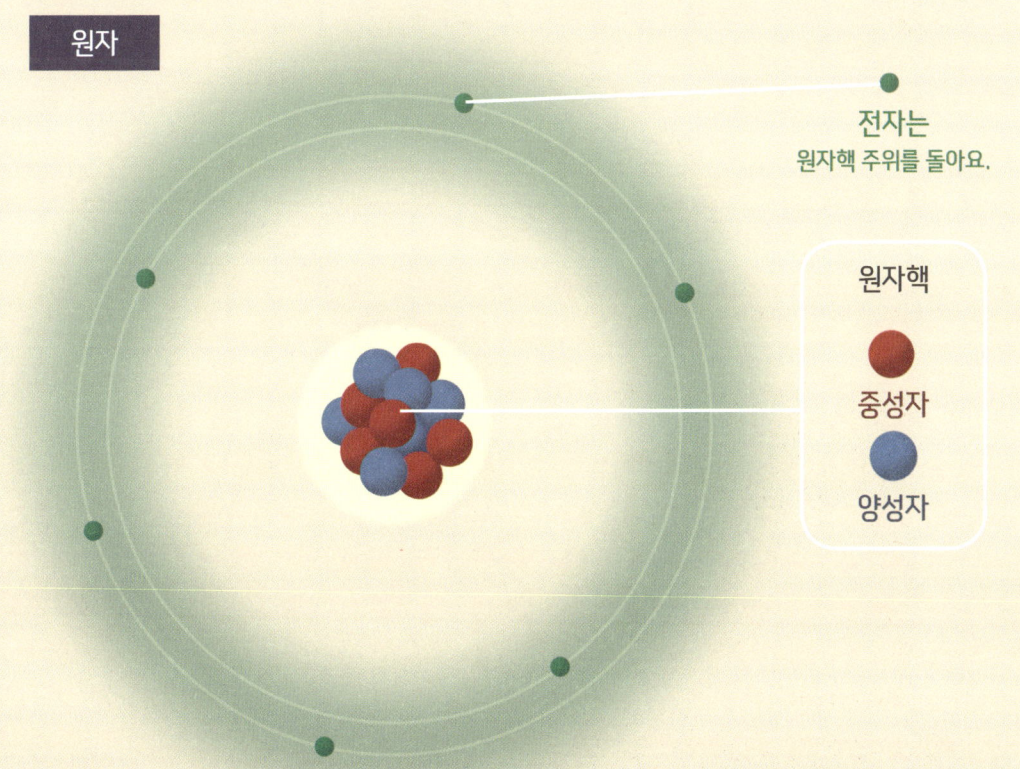

원자

전자는 원자핵 주위를 돌아요.

원자핵
● 중성자
● 양성자

물체는 가만히 정지해 있는 것처럼 보여도 그것을 이루는 입자들은 늘 움직여요. 입자들은 너무나도 작아서 그 움직임은 현미경으로도 보이지 않아요. 그러나 우리가 물체를 만질 때, 그 움직임의 효과를 느낄 수 있어요.

우리가 어떤 물체가 따뜻하다고 말할 때, 그 물체의 입자들은 우리 몸의 입자들보다 더 빠르게 움직이면서 우리 몸의 입자들에 충돌해 여분의 에너지를 전달해요.

우리가 어떤 물체가 차갑다고 느낄 때에는 그 물체의 입자들이 우리 몸에 충돌해 우리 몸의 입자들로부터 에너지를 빼앗아 가요.

우리가 열을 경험하는 또 한 가지 방법은 상태 변화가 일어날 때예요. 상태 변화의 예로는 얼음이 녹아 물로 변하거나 물이 가열되어 증기로 변하는 것이 있어요.

얼음이든 액체 상태의 물과 증기든 모두 똑같은 물 분자(H_2O)로 이루어져 있어요. 물 분자들이 아주 빠르게 움직이지 않으면 서로 들러붙어 고체 상태(얼음)가 되어요. 온도가 높아지면, 그 결합이 약해지면서 얼음이 녹아 액체 상태의 물이 되지요. 열을 더 가해 온도가 더 높아지면, 물 분자들이 점점 더 빠르게 움직이다가 마침내 기체 상태의 증기가 됩니다.

증기 / 제임스 와트의 증기 기관

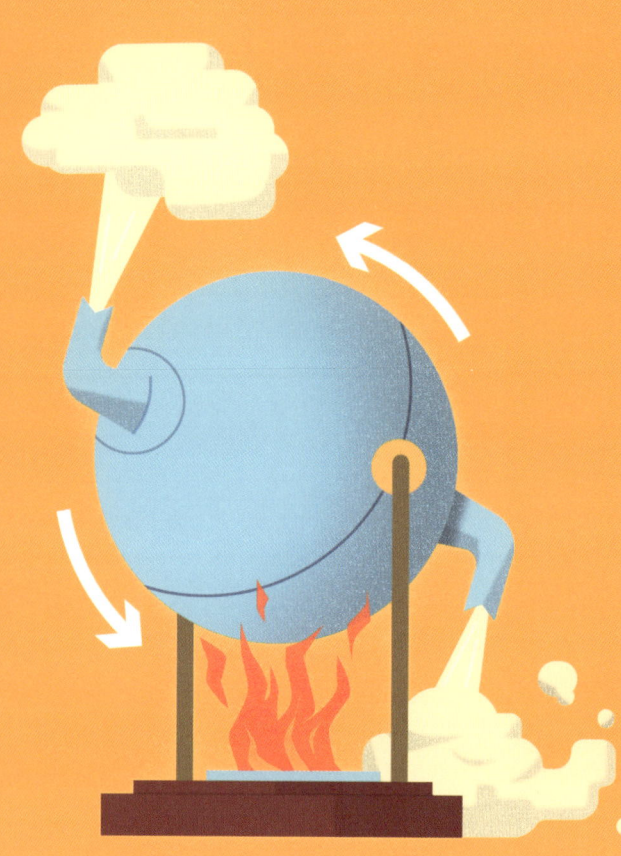

증기가 운동을 만들어 낼 수 있다는 사실은 먼 옛날 사람들도 알고 있었어요. 1세기에 알렉산드리아에 살던 그리스 사람 헤론은 증기의 힘으로 혼자서 빙빙 도는 공 모양의 장치를 만들었어요. 물이 가득 들어 있는 용기를 가열하면, 그곳에서 생긴 증기가 양쪽 끝에 붙어 있는 관을 통해 뿜어져 나가면서 공 모양의 용기를 증기가 뿜어져 나오는 반대쪽으로 빙글빙글 돌게 했어요. 그러나 헤론은 이 발명을 유용하게 활용할 수 있는 방법을 찾지는 못했어요.

증기 기관의 작용 원리

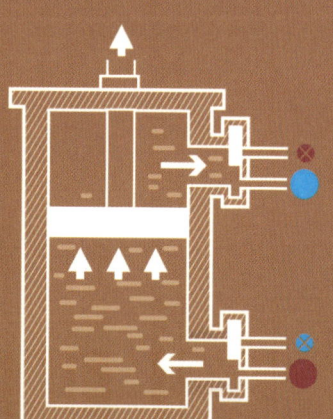

보일러에서 나온 증기가 실린더 아랫부분으로 들어가 피스톤을 위로 밀어 올려요. 그다음에는 증기를 실린더 윗부분으로 보내 피스톤을 아래로 밀어내려 증기 기관을 돌아가게 하지요. 남은 증기는 응축기로 보내지고, 여기서 증기가 냉각되어 물로 바뀐 뒤 다시 보일러로 갑니다.

1712년에 토머스 뉴커먼이 발명한 증기 기관(뉴커먼 기관이라고 불러요)을 바탕으로 **제임스 와트**는 1778년에 증기 에너지를 연속적인 운동으로 아주 효율적으로 바꾸는 기계를 만들었어요. 처음에 증기 기관은 광산에서 물을 퍼내는 데 쓰였지만, 얼마 지나지 않아 많은 곳에 사용되었어요.

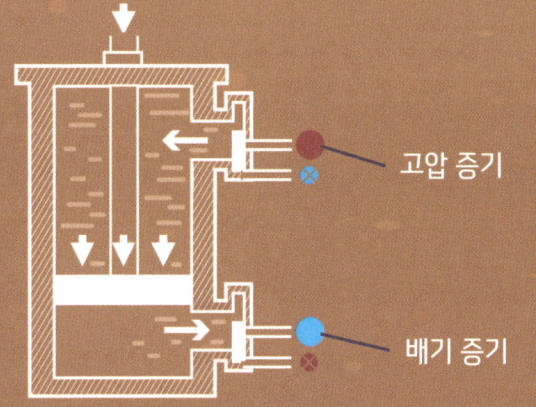

고압 증기

배기 증기

피스톤은 실린더 안에서 왕복 운동을 하는 원판 또는 원통 모양의 부품이에요. 이런 왕복 운동으로 증기의 압력이 바퀴를 돌리거나 기계를 움직이는 에너지로 바뀌지요.

1) 증기가 밸브를 통해 실린더 한쪽 끝부분으로 들어갑니다. 밸브는 증기가 엉뚱한 곳으로 새어 나가지 않게 해요.

밸브 / 증기 / 배출 / 피스톤

2) 증기가 피스톤을 밉니다.

3) 이번에는 증기가 실린더의 반대쪽 끝으로 들어가 피스톤을 밀어 원래 위치로 보냅니다.

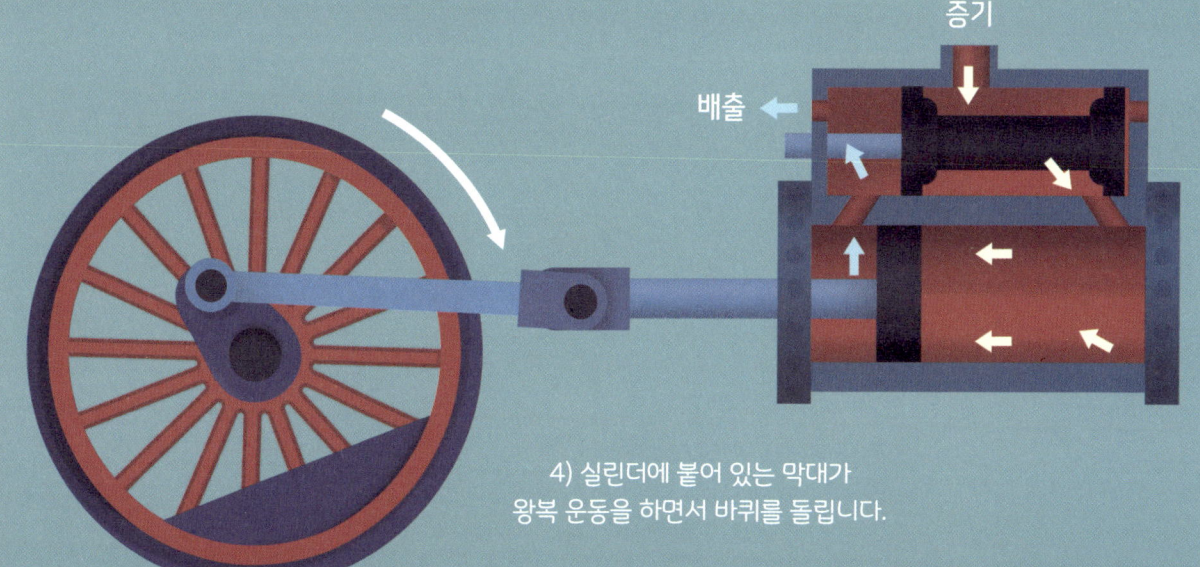

배출 / 증기

4) 실린더에 붙어 있는 막대가 왕복 운동을 하면서 바퀴를 돌립니다.

에너지를 측정하는 방법

에너지는 일을 하는 능력인데, 단위 시간에 한 일의 양을 일률이라고 해요. 예를 들면, 힘센 말은 약한 말보다 무거운 짐을 더 빨리 끌기 때문에, 힘센 말의 일률이 더 커요.

제임스 와트는 말을 사용해 자신이 만든 증기 기관의 일률을 측정했어요. 같은 무게의 하중을 같은 시간에 같은 거리만큼 끌려면 말이 몇 마리나 필요한지 알아보는 방법이었지요. 그래서 와트는 일률을 나타내는 단위를 마력(馬力)이라고 불렀어요. 오늘날 우리는 일률의 단위로 마력 대신에 다른 것을 사용하는데, 그것은 바로 와트(watt, 기호는 W)예요.

이동

18세기와 19세기에 산업 혁명이 일어나면서 집에서 만들던 제품들을 공장에서 대량 생산하기 시작했어요. 이 시기에 공학자들은 에너지를 더 효율적으로 그리고 더 강력하게 만들고 사용하는 방법을 찾으려고 애썼어요. 증기 기관이 널리 쓰였는데, 그 덕분에 섬유와 직물 같은 제품을 훨씬 쉽게 생산할 수 있었어요. 여행하는 속도도 크게 빨라지고, 갑자기 사람들은

운송에 널리 사용된 증기 기관

기술이 발전하자, 증기 기관이 더 작고 가벼워졌어요. 그래서 이제 자동차나 보트처럼 기관차보다 훨씬 작은 운송 수단에도 증기 기관을 사용할 수 있게 되었어요.

먼 거리를 이전보다 훨씬 빨리 이동할 수 있게 되었어요. 많은 사람이 고향을 떠나 이전에는 아주 멀게 느껴졌던 곳으로 옮겨가 살았는데, 철도 같은 운송 체계가 아주 먼 장소들을 서로 연결해 주었어요.

오염

증기 기관을 돌아가게 한 연료는 석탄이었어요. 강철이나 주철을 생산하는 것처럼 새로운 기술에 필요한 에너지를 공급하기 위해 탄광에서 석탄을 엄청나게 많이 캐내야 했지요. 나무와 마찬가지로 석탄도 탈 때 그 속에 저장된 에너지가 나오지만, 그와 함께 이산화탄소(지구 온난화의 주요 원인 중 하나)와 생물에게 해로운 오염 물질도 빠져나와 대기 중으로 들어가요.

에너지 변환과 전달

에너지는 새로 만들어 낼 수도 없고 완전히 사라지지도 않아요. 그래서 우주에 있는 전체 에너지의 양은 변하지 않아요. 우리가 사용하는 기술 중 많은 것은 한 형태의 에너지를 다른 형태의 에너지로 바꾸거나(에너지 변환) 다른 곳으로 전달하는 용도로 쓰여요.

이 남자가 자전거 페달을 밟으면서 먹는 샌드위치는 태양에서 오는 **에너지를 흡수**해 자란 식물로 만들었지요.

우리 몸은 화학 반응을 이용해 식품에서 **에너지를 추출**해요. 우리가 호흡할 때 공기 중에서 몸으로 들어온 산소는 식품 분자의 화학 결합을 끊어요.

식품의 화학 에너지 중 일부가 열의 형태로 **방출**되어요. 이 과정에서 화학 에너지가 열에너지로 **변환**되어요.

모든 에너지는 어느 장소나 물체로부터 **전달**된 것이거나 한 형태의 에너지로부터 **변환**된 것이에요.

식품에서 얻은 에너지 중 일부는 근육을 움직이는 **동력**으로 쓰이고, 근육에서 나온 힘이 자전거를 움직이게 하는 동력이 되지요.

다리의 상하 왕복 운동으로 발생한 에너지가 페달로 **전달**되어요.

자전거 체인을 통해 에너지가 페달에서 바퀴로 **전달**되어요. 이렇게 식품에 저장된 에너지가 운동 에너지로 **변환**되었어요.

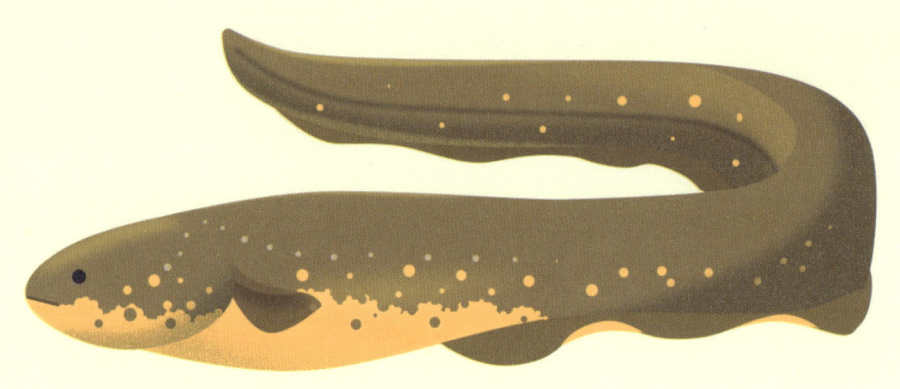

전기뱀장어를 비롯해 일부 동물은 전기를 사용해 적의 공격을 막고, 먹이를 사냥하고, 이동을 하고, 의사소통을 해요. 전기뱀장어의 몸에는 **이온**(전하를 띤 원자)이 통과하는 체액이 들어 있어요.

전기

기원전 600년 무렵에 고대 그리스 철학자 탈레스는 누런색 광물인 호박(나무에서 나오는 진이 오랜 시간 동안 땅속에서 굳어져 화석이 된 것—옮긴이)을 털가죽으로 문지르면, 호박에 깃털이나 머리카락 같은 물질을 끌어당기는 성질이 생긴다는 사실을 알았어요. 호박에서 일부 입자가 털가죽으로 옮겨 가면서 호박과 털가죽이 서로 정반대의 전하를 띠기 때문에 일어나는 현상이지요. 반대 전하끼리는 서로 **끌어당기고**, 같은 전하끼리는 서로 **밀어내요**.

번개는 하늘에서 갑자기 많은 전기가 한 구름에서 다른 구름으로, 또는 구름에서 땅으로 옮겨 갈 때 일어나는 현상이에요. 1752년, 미국의 정치인이자 과학자인 **벤저민 프랭클린**은 폭풍우가 몰아치는 날에 연줄에 열쇠를 매달고 밖으로 나가 연을 날리는 실험을 통해 번개의 정체를 밝혀냈어요. 프랭클린은 스파크가 열쇠에서 자신의 손으로까지 전달된 것을 직접 느꼈고, 이를 통해 번개가 전기의 한 형태임을 알아냈지요.

프랭클린은 폭풍우가 몰아칠 때 건물이 벼락에 맞지 않게 보호해 주는 **피뢰침**을 발명했어요. 피뢰침은 번개를 끌어당긴 뒤, 번개의 강한 전기를 건물이 아니라 전선을 타고 땅속으로 안전하게 보내지요.

전기란 무엇인가?

어떤 물질에 전기가 있다는 말은 그 물질에 전하가 있다는 뜻이에요. 호박을 털가죽으로 문지르면, **전자**라는 작은 입자들이 호박에서 빠져나와 털가죽으로 이동해요. 그러면 호박은 **정전기**를 띠게 되는데, 이 정전기는 호박의 전하가 반대 전하를 가진 물질로 이동하기 전까지 계속 남아 있어요.

전자는 원자 구성 입자 중에서 가장 작고 가벼운 입자예요. 전자는 음(-)전하를 갖고 있으며, 원자핵 주위를 아주 빠르게 돌아요. 적절한 조건이 갖추어지면, 전자는 상대적으로 먼 거리를 여행하며 한 원자에서 다른 원자로 옮겨 갈 수 있어요. 이렇게 전자가 계속 옮겨 가면서 생기는 전자들의 흐름을 **전류**라고 해요.

원자 중심에 있는 **원자핵**은 전자보다 훨씬 크고 무거운 입자들, 즉 양(+)전하를 띤 **양성자**와 전하가 없는 **중성자**로 이루어져 있지요.

평소에 원자는 양성자의 양전하와 전자의 음전하가 균형을 이루어 전기적으로 중성 상태에 있어요. 그런데 원자가 전자를 잃거나 얻으면, 전하의 균형이 깨져 원자가 전하를 띠게 되는데, 이렇게 전하를 띤 원자를 **이온**이라고 불러요.

원자★

● 전자 ⊖

● 중성자
● 양성자 ⊕

원자핵

원자들 사이에서 이동하는 전자의 흐름이 전류예요.
(그러나 전류의 방향은 전자의 이동방향과는 반대입니다—감수자)

★원자의 크기는 상상하기 힘들 만큼 작습니다. 그러나 원자의 크기를 축구장에 비유하면 원자핵은 축구장에 떨어진 작은 구슬 크기입니다. 그만큼 원자핵과 전자는 매우 멀리 떨어져 있죠. 비유하자면 태양과 지구의 거리만큼요. 참, 원자의 내부는 대부분 비어 있답니다—감수자.

전지

오늘날 전지는 어디서나 볼 수 있어요. 전지는 에너지를 저장했다가 필요할 때 쓸 수 있게 해 주어요. 전지는 화학 에너지를 저장하고 있다가 필요할 때 화학 에너지로 전류를 만들어 내지요.

전지를 만들려면 서로 반응하는 두 가지 화학 물질이 필요해요. 그리고 전해질이라는 특별한 액체를 그 사이에 넣어 둘을 갈라놓아요. 화학 물질은 전하를 띤 이온이 되지 않는 한, 전해질을 건너갈 수 없어요.

전지의 양 끝을 전선으로 연결하기 전에는 아무 일도 일어나지 않아요. 전선으로 연결하면, 두 화학 물질이 전선을 통해 전자를 교환해요. 그러면 화학 물질은 이온이 되어 이제 전해질을 건너가 다른 물질과 만나 반응할 수 있어요. 그와 동시에 전자들은 전선을 통해 전지의 음극에서 양극 쪽으로 이동해요. 이제 전류가 흐르는 전기 회로가 완성되었어요.

볼타 전지

1799년, 이탈리아 물리학자 알레산드로 볼타가 이온을 포함한 액체(전해질) 속에서 구리 원판과 아연 원판을 층층이 쌓아 최초의 전지를 만들었어요. 전지의 양 끝을 전선으로 연결하자, 전선을 통해 전류가 흘렀어요.

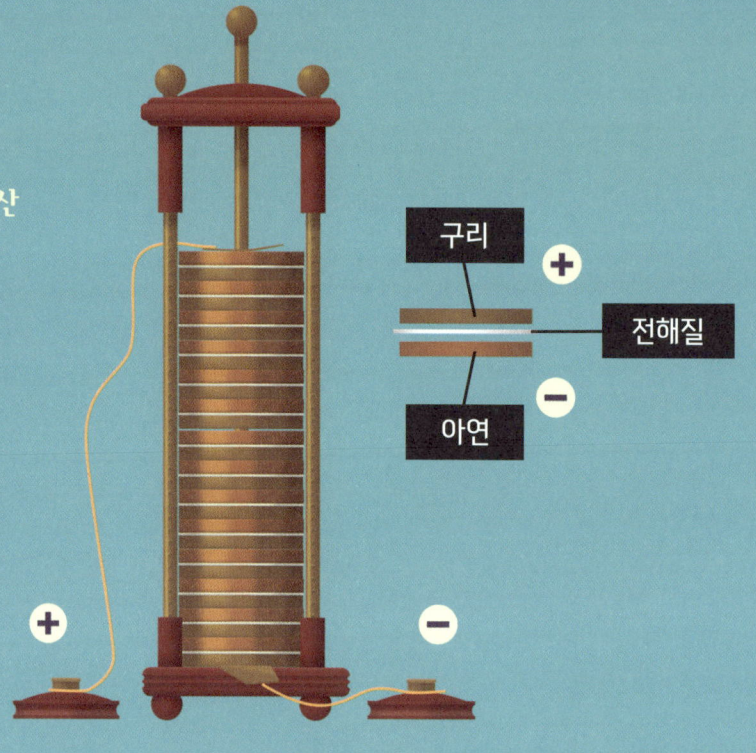

오늘날의 전지도 볼타가 개발한 볼타 전지와 기본적으로 같은 설계로 만들지만, 액체 전해질 대신에 휴대하기 편하고 효과도 훨씬 강한 반죽 형태의 전해질을 사용해요. 전지 한쪽의 물질이 다 소모되면, 그 전지는 수명이 끝나요.

어떤 전지는 한 번 사용하고 나면 다시 쓸 수 없지만, 어떤 전지(예컨대 휴대 전화용 전지)는 충전해서 다시 쓸 수 있어요.

볼타

1801년, 나폴레옹 보나파르트는 볼타를 파리로 초청해 이 발명품을 보여 달라고 요청했어요. 이 발명을 높이 평가한 나폴레옹은 볼타에게 훈장과 함께 백작 작위를 주었어요.

BOOKS
BOOKS
NORTH LINE

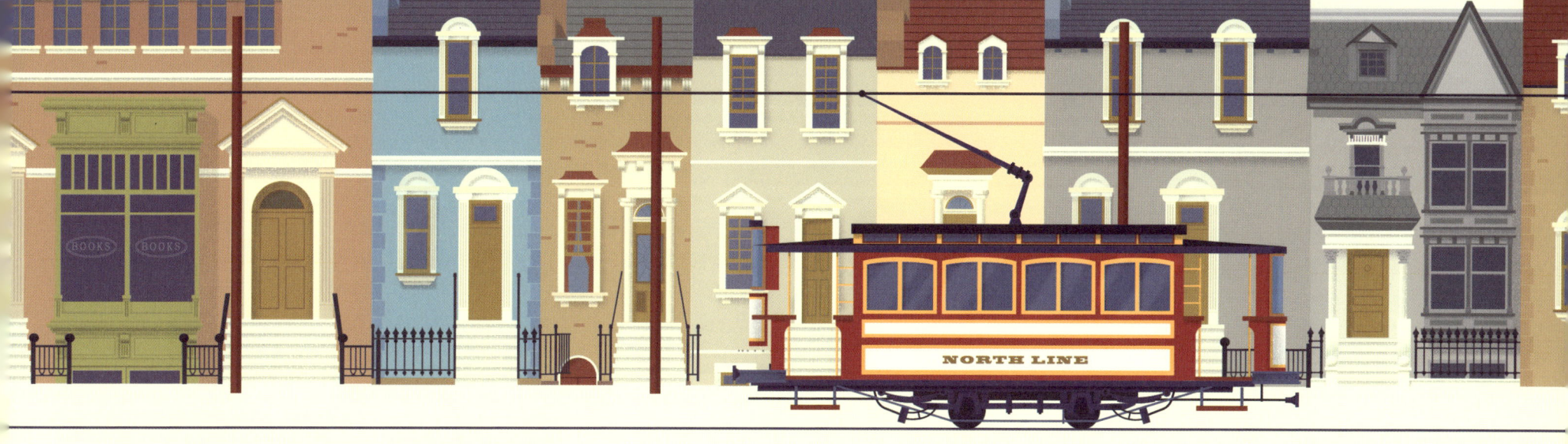

전력망 구축

1882년, 미국의 기업가이자 발명가인 **토머스 에디슨**은 뉴욕시 펄스트리트에 **발전소**를 세웠어요. 이 발전소는 증기 기관을 사용해 뉴욕시의 여러 거리에 에너지를 공급했어요. 이것은 지난 150년 동안 전 세계의 가정과 공장, 병원, 운송 체계에 에너지를 공급해 온 **거대한 전력망**을 구축하는 첫걸음이었어요.

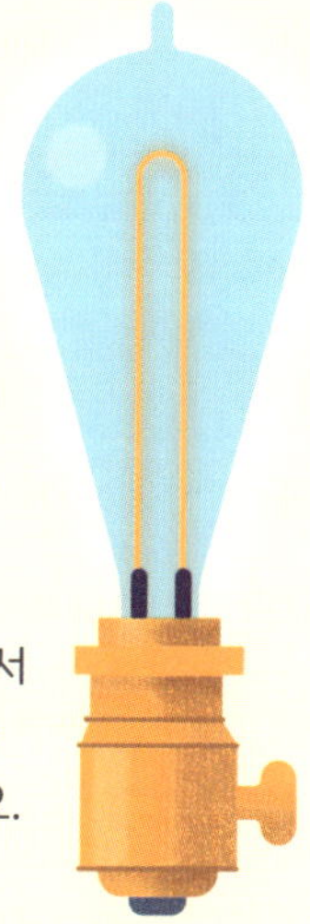

전구

전구는 1878년에 영국에서 처음으로 가정용 조명을 제공하는 데 사용되었어요.

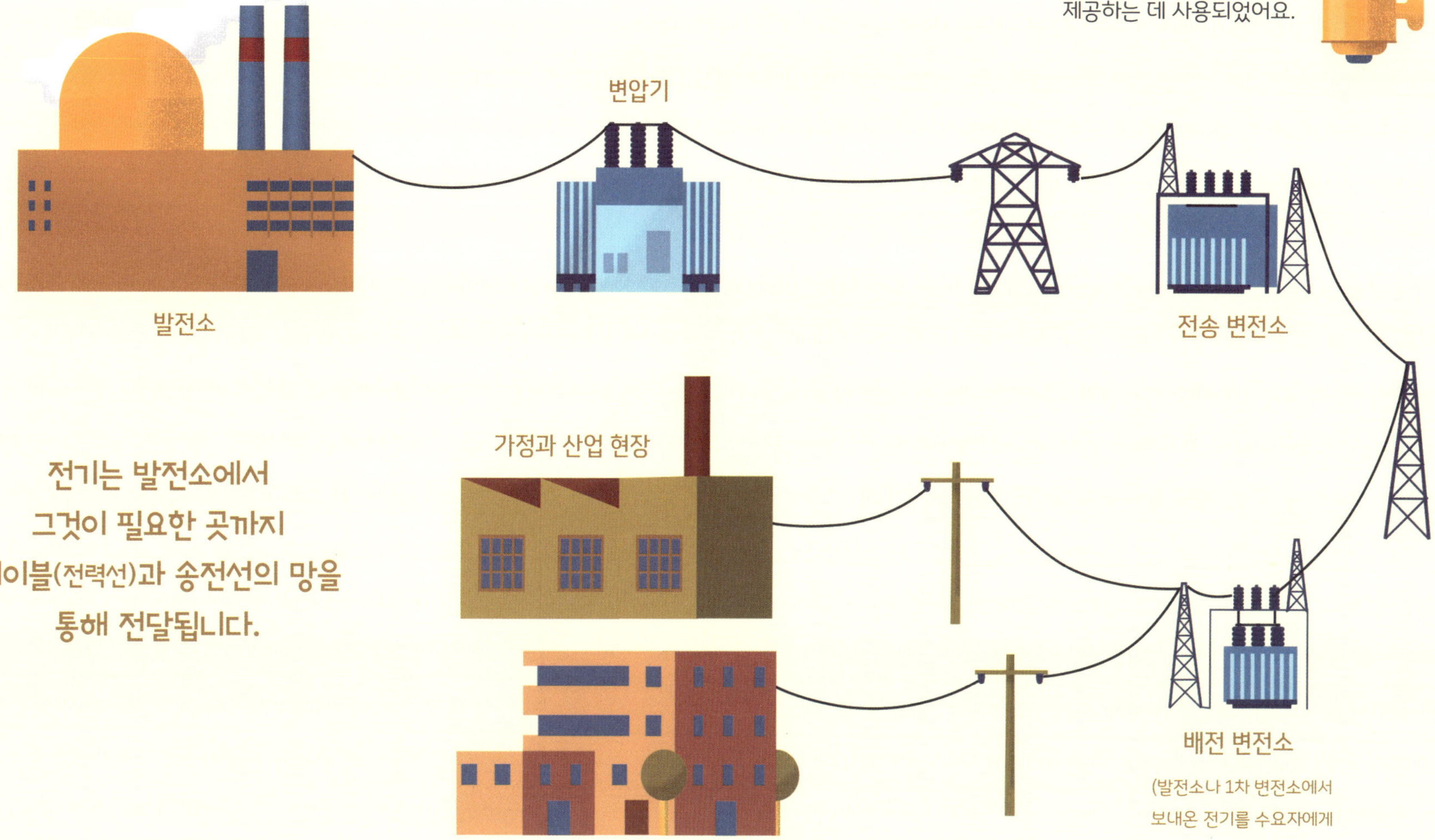
변압기
발전소
전송 변전소
가정과 산업 현장
배전 변전소
(발전소나 1차 변전소에서 보내온 전기를 수요자에게 분배·공급하는 곳)

전기는 발전소에서 그것이 필요한 곳까지 케이블(전력선)과 송전선의 망을 통해 전달됩니다.

전자석

수천 년 전에 고대 그리스인은 마그네시아 섬의 특별한 돌에 금속 물체를 끌어당기는 성질이 있다는 사실을 발견했어요. 그래서 그 돌을 섬의 이름을 따 **마그네트**(magnet)라고 불렀어요[자석을 뜻하는 영어 단어 마그넷(magnet)은 여기서 유래했어요—옮긴이].

고대 중국인은 자석과 접촉한 금속도 짧은 시간이긴 하지만 자석처럼 행동한다는 사실을 알아냈어요.

19세기에 **제임스 클러크 맥스웰**은 **전류도 자석의 성질**이 있다는 사실을 밝혀냈어요. 그래서 자석을 움직이면, 전류에 영향을 미쳐 전류의 방향을 휘어지게 할 수 있어요.

이것은 **전기**와 **자기** 사이에 어떤 관계가 있는지 보여 주었어요. 이 성질을 더 자세히 연구하다가 여러 가지 중요한 과학적 발견이 일어났어요.

맥스웰은 또한 **빛**도 전자기 현상이라는 사실을 알아냈고, **전파**의 존재도 예측했어요.

전동기(전기 모터)

전자석에 흐르는 전류를 변화시키면, 가까이 있는 자성 물체를 움직이게 할 수 있어요. 예를 들면, 이 방법으로 바퀴를 돌릴 수 있어요. 이것이 **전동기** 또는 **유도 전동기**의 작용 원리예요.

고정자
전동기 가장자리에 고정된 채 늘어서 있는 영구 자석들

냉각 팬

회전자
보통 축 주위에 구리선을 코일 모양으로 감아서 만들어요. 코일에 전류가 흐르면, 반발력이 생겨나면서 축을 회전시켜요.

전자석

자석들은 마주 보는 양 끝의 극이 무엇이냐에 따라 서로를 밀어내거나 끌어당겨요. 이 때문에 한 자석을 다른 자석에 아주 가까이 가져가면, 다른 자석이 움직여요.

맥스웰은 철 막대에 전선을 감아 전류를 흐르게 하면, 철 막대가 자석으로 변한다는 사실을 증명했어요. 이 자석을 전자석이라고 해요. 전동기를 돌리려면, 전자석을 안팎으로 움직이는 대신에 전류를 통했다 끊었다를 반복해도 되고, 또는 시간에 따라 전류의 세기를 다르게 바꾸어도 되어요.

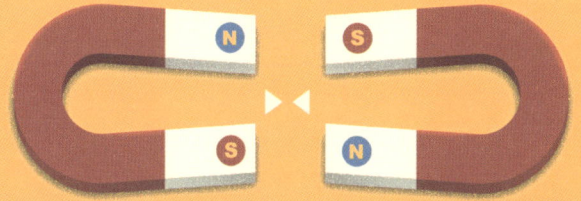

반대 극끼리는 서로 끌어당겨요.

같은 극끼리는 서로 밀어내요.

전선에 전류가 흐르면, 전선 주위에 자기장이 생겨요.

전선을 막대에 둘둘 감으면, 더 강한 자기장이 생겨요.

잡아당기는 힘이 생기지요.

자성을 띤 막대에는 N극과 S극이라는 자극이 생겨요.

축

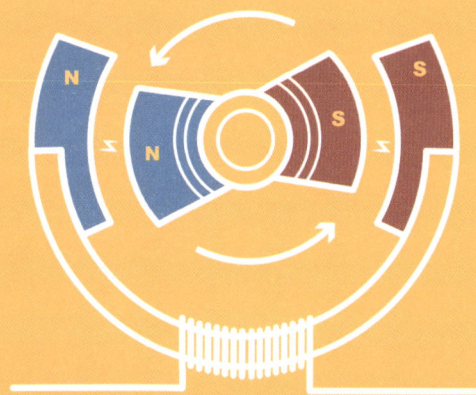 

척력

반대 극끼리는 끌어당기고, 같은 극끼리는 밀어내요. 다른 자석들로 막대를 둘러싸면, 자석들 사이에 작용하는 인력(끌어당기는 힘)과 척력(밀어내는 힘)이 생겨나면서 막대가 빙빙 돌아요. 전류의 방향을 계속 바꾸면, 막대를 멈추지 않고 계속 회전시킬 수 있어요.

발전소

원자력 발전소

풍력 발전기

화력 발전소

에디슨 시대 이후에 우리가 사용하는 전기의 양은 엄청나게 많이 증가했어요. 우리 사회에서 점점 늘어나는 에너지 수요를 맞추기 위해 에너지를 생산하는 방법도 크게 변했어요. 화력 발전소와 수력 발전소에서부터 원자력 발전소에 이르기까지 전기는 대개 터빈을 사용해 만들어요. 터빈은 역학적 에너지(바람, 물, 증기 등이 제공하는 에너지)를 전기 에너지로 바꾸는 기계 장치예요.

수력 발전

중국의 싼샤 댐은 세계에서 가장 큰 수력 발전 시설이에요. 그다음으로 큰 수력 발전 시설은 브라질과 파라과이 국경에 있는 이타이푸 댐이고요. 이타이푸 댐은 파라과이 전체에 필요한 것보다 몇 배나 많은 전기를 생산해요. 브라질 전체 전기 사용량의 약 5분의 1에 해당하는 양이지요. 비록 댐을 건설하는 과정에서 많은 땅이 물에 잠기고, 생태계가 파괴되고, 많은 사람이 살던 땅에서 쫓겨나지만, 일단 댐이 건설되고 나면 수력 발전 과정에서는 화력 발전과 달리 온실가스가 나오지 않아요.

댐

물이 아래로 흐르면서 터널과 관 속에서 속도가 빨라져요.

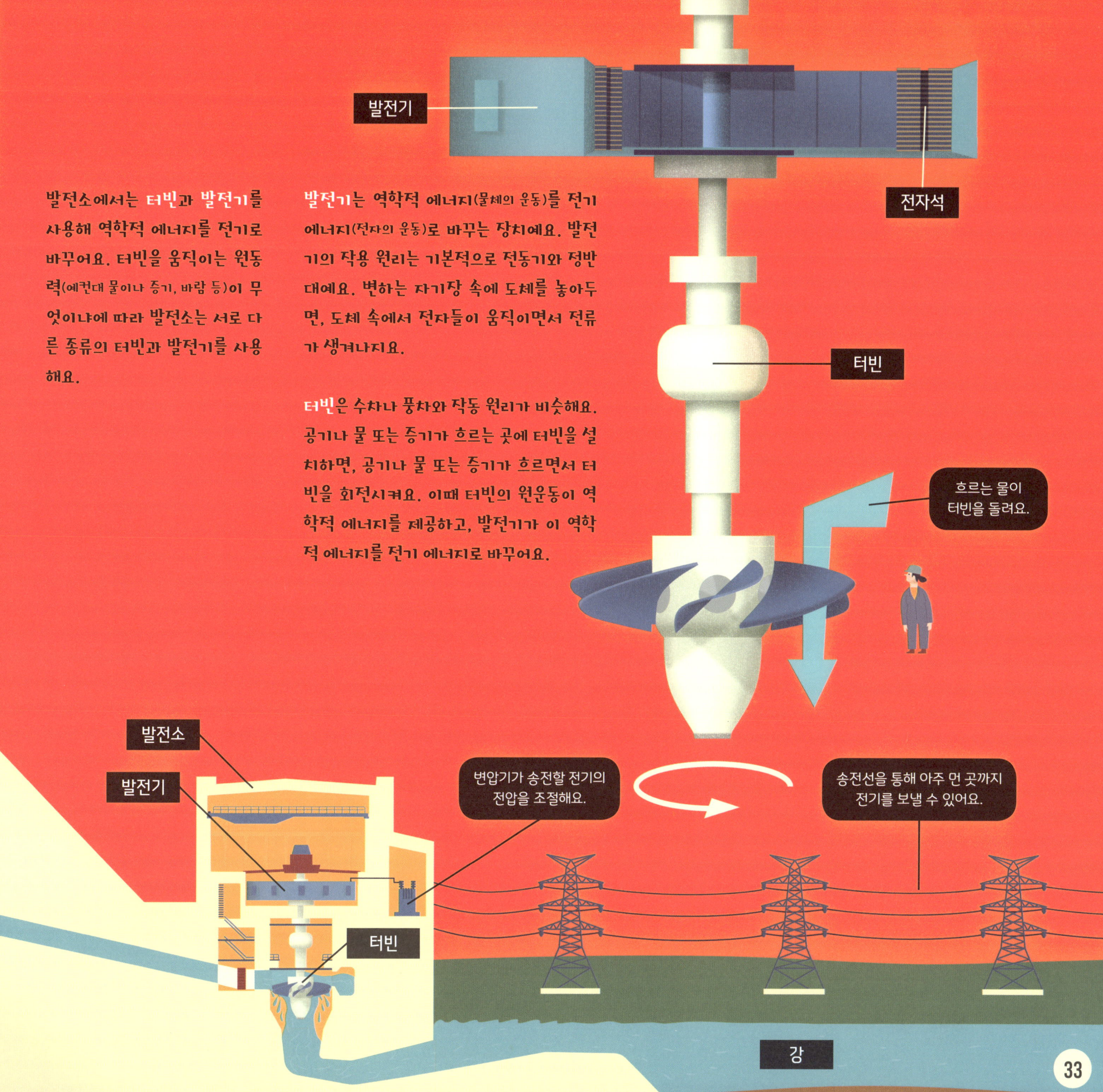

발전소에서는 터빈과 발전기를 사용해 역학적 에너지를 전기로 바꾸어요. 터빈을 움직이는 원동력(예컨대 물이나 증기, 바람 등)이 무엇이냐에 따라 발전소는 서로 다른 종류의 터빈과 발전기를 사용해요.

발전기는 역학적 에너지(물체의 운동)를 전기 에너지(전자의 운동)로 바꾸는 장치예요. 발전기의 작용 원리는 기본적으로 전동기와 정반대예요. 변하는 자기장 속에 도체를 놓아두면, 도체 속에서 전자들이 움직이면서 전류가 생겨나지요.

터빈은 수차나 풍차와 작동 원리가 비슷해요. 공기나 물 또는 증기가 흐르는 곳에 터빈을 설치하면, 공기나 물 또는 증기가 흐르면서 터빈을 회전시켜요. 이때 터빈의 원운동이 역학적 에너지를 제공하고, 발전기가 이 역학적 에너지를 전기 에너지로 바꾸어요.

- 발전기
- 전자석
- 터빈
- 흐르는 물이 터빈을 돌려요.
- 발전소
- 발전기
- 터빈
- 변압기가 송전할 전기의 전압을 조절해요.
- 송전선을 통해 아주 먼 곳까지 전기를 보낼 수 있어요.
- 강

화석 연료

석유와 천연가스와 석탄을 화석 연료라고 불러요. 식물과 동물의 유해가 땅속 깊은 곳에서 암석과 흙에 묻힌 뒤 수백만 년 동안 큰 압력을 받아 화석처럼 굳어진 물질에서 얻기 때문이지요.

식물이 자라던 때부터 그 유해가 땅속에 묻혀 우리가 캐내 쓸 수 있는 화석 연료로 만들어지기까지는 믿을 수 없을 만큼 긴 시간이 지나야 해요. 오늘날 우리는 화석 연료를 너무 빨리 소비하고 있어서, 화석 연료가 자연적으로 보충될 시간이 없어요. 그래서 화석 연료를 재생 불가능 자원이라고 부르죠.

화석 연료를 지금처럼 계속 사용한다면, 남아 있는 화석 연료로는 겨우 수십 년밖에 쓸 수 없다고 해요.

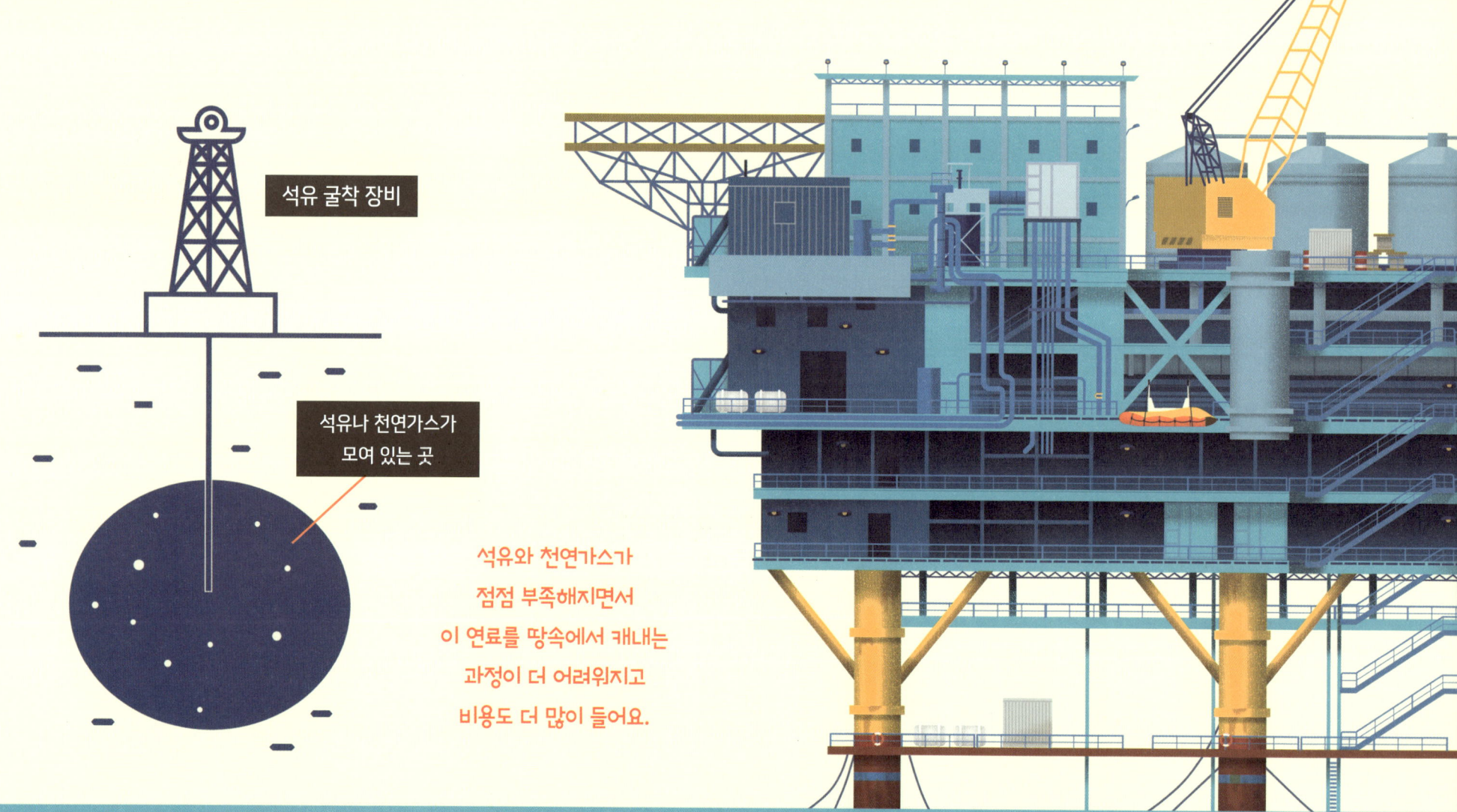

석유 굴착 장비

석유나 천연가스가 모여 있는 곳

석유와 천연가스가 점점 부족해지면서 이 연료를 땅속에서 캐내는 과정이 더 어려워지고 비용도 더 많이 들어요.

많은 유전은 바다 밑바닥 아래 깊은 곳에 있어요. 이곳에서 석유와 천연가스를 채굴하는 작업은 매우 까다로워요. 그래서 바다 밑바닥에 굴착 장치를 고정시킨 해상 플랫폼을 건설해야 해요. 해상 플랫폼은 고도의 기술과 막대한 돈이 필요한 대형 구조물이에요.

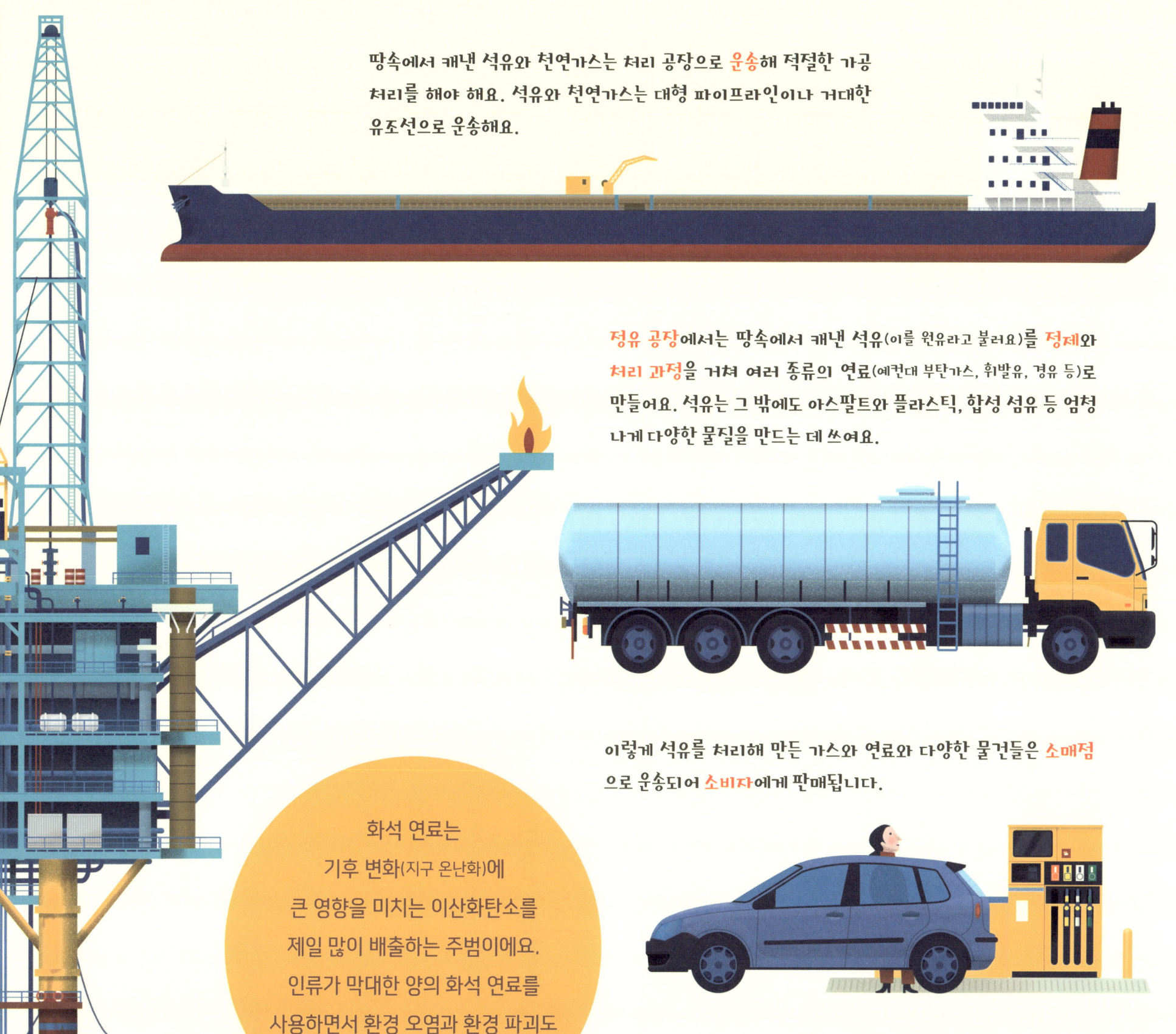

땅속에서 캐낸 석유와 천연가스는 처리 공장으로 운송해 적절한 가공 처리를 해야 해요. 석유와 천연가스는 대형 파이프라인이나 거대한 유조선으로 운송해요.

정유 공장에서는 땅속에서 캐낸 석유(이를 원유라고 불러요)를 정제와 처리 과정을 거쳐 여러 종류의 연료(예컨대 부탄가스, 휘발유, 경유 등)로 만들어요. 석유는 그 밖에도 아스팔트와 플라스틱, 합성 섬유 등 엄청나게 다양한 물질을 만드는 데 쓰여요.

이렇게 석유를 처리해 만든 가스와 연료와 다양한 물건들은 소매점으로 운송되어 소비자에게 판매됩니다.

화석 연료는 기후 변화(지구 온난화)에 큰 영향을 미치는 이산화탄소를 제일 많이 배출하는 주범이에요. 인류가 막대한 양의 화석 연료를 사용하면서 환경 오염과 환경 파괴도 날로 더 심각해지고 있어요.

내연 기관

최초의 자동차에서부터 초음속 비행기에 이르기까지 내연 기관은 온갖 종류의 운송 수단을 추진하는 데 쓰여 왔어요. 외연 기관(실린더 밖에서 연료를 연소시키는 기관)인 증기 기관은 증기의 힘으로 피스톤을 미는 반면, 내연 기관은 실린더 속에서 압축 공기와 함께 연료를 연소시켜 발생하는 가스의 팽창력으로 피스톤을 밀어요.

4행정 기관

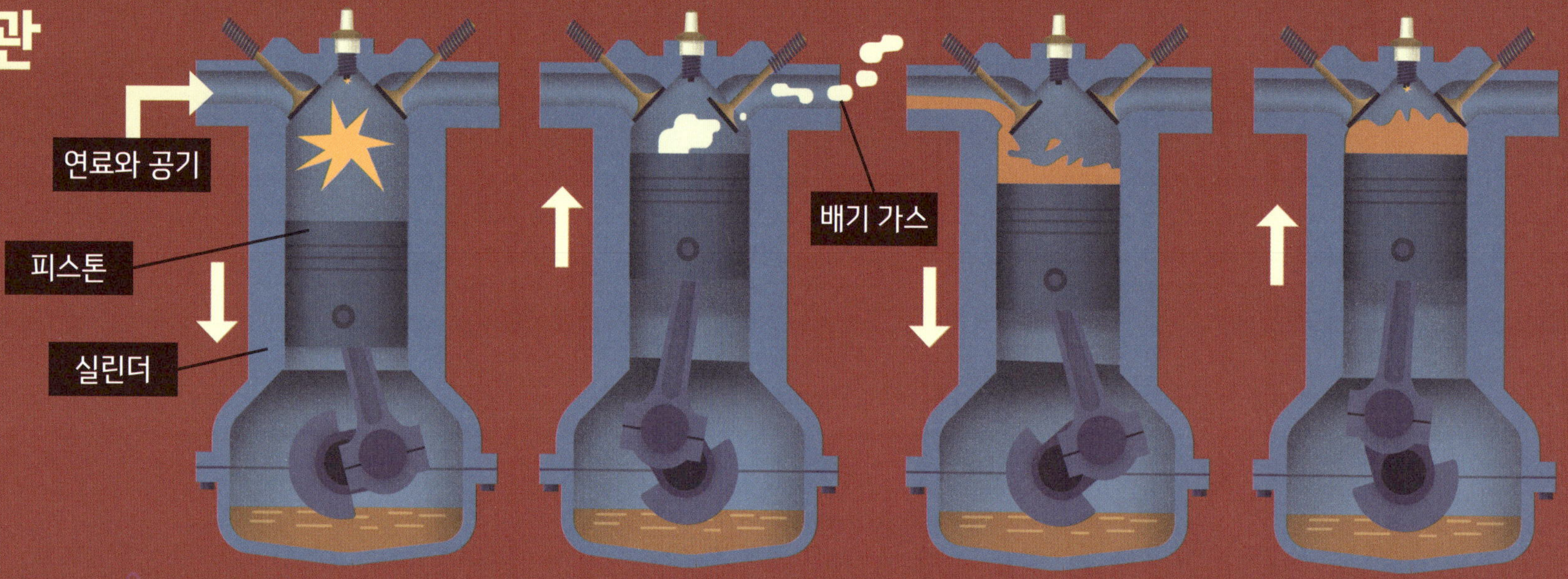

연료와 공기
피스톤
실린더
배기 가스

1) 폭발.
연료와 공기가 섞인 혼합물에 점화 장치가 불꽃을 터뜨려 폭발시키고, 이때 발생한 뜨거운 가스가 피스톤을 아래로 밀어요. 기계를 움직이는 동력은 여기서 나오는데, 피스톤은 계속해서 그다음의 세 행정을 더 거칩니다.

2) 배기.
피스톤이 위로 올라가면서 타고 남은 가스를 밖으로 배출합니다.

3) 흡입.
피스톤이 아래로 내려가면서 공기와 연료 혼합물을 실린더 안으로 들어오게 해 다음 과정을 준비합니다.

4) 압축.
피스톤이 위로 올라가면서 공기와 연료 혼합물을 압축하고, 다시 불꽃이 튀기를 기다립니다. 그리고 전체 행정이 처음부터 다시 반복됩니다.

오늘날 전 세계에 돌아다니는 내연 기관 차나 오토바이 등은 수십억 대나 되며, 우리가 살아가는 방식에 큰 영향을 미치고 있어요.

제트 기관

오늘날의 비행기는 대부분 제트 기관(제트 엔진)을 사용합니다. 하늘을 날게 해 주는 제트 기관의 작용 원리는 어떤 면에서 내연 기관보다 훨씬 단순해요.

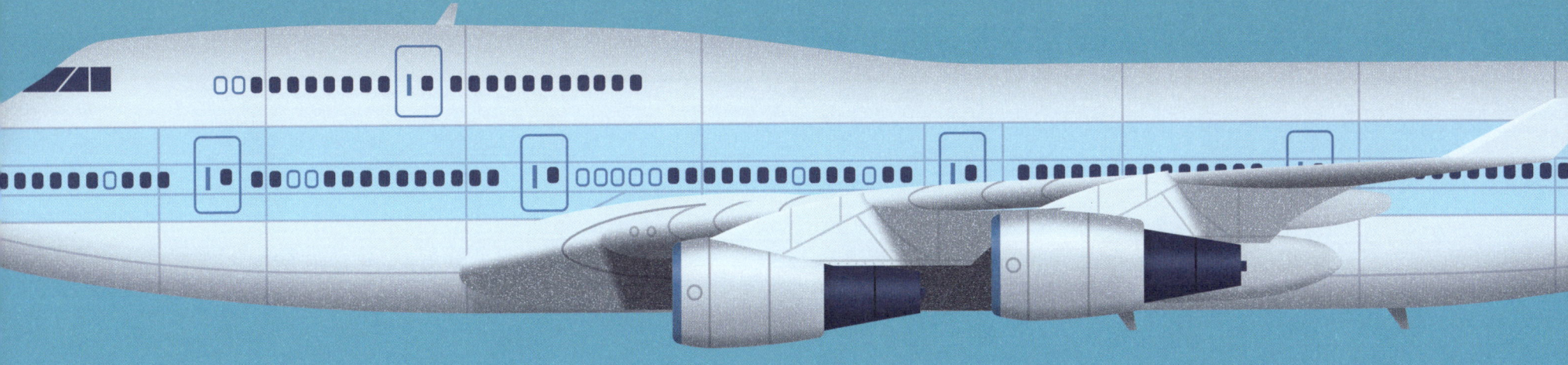

비행기는 공중을 날아가기 때문에 제트 기관은 운동을 바퀴로 전달할 필요가 없어요. 팽창하는 가스를 제트 기관 뒤쪽으로 밀어내기만 하면 비행기가 앞으로 나아가지요. 따라서 제트 기관은 피스톤이 필요 없고, 다음 과정의 적절한 때가 오기 기다릴 필요도 없이 연료와 공기를 연속적으로 계속 집어넣을 수 있어요.

이와 똑같은 이유로 공기의 압축도 연속적으로 일어나며, 그것도 비행기가 공중을 나는 동안에 자동으로 일어나지요. 제트 기관으로 들어오는 공기는 흡기구에서 회전하는 팬 날개에 의해 압축되어요. 그리고 배기구로 나가는 뜨거운 가스의 흐름으로 돌아가는 터빈이 팬 날개를 돌려요.

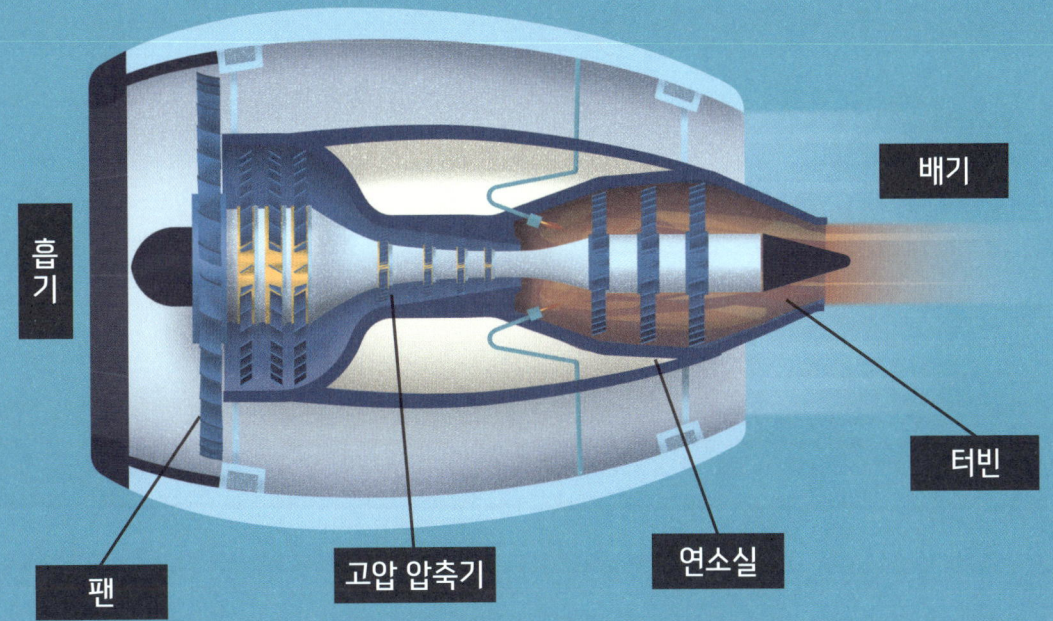

가장 빠른 비행기

노스아메리칸 X-15는 세상에서 가장 빠른 유인 비행기라는 기록을 갖고 있어요. 이 속도를 내기 위해 노스아메리칸 X-15는 제트 기관 대신에 로켓을 사용해요. 최대 속도는 시속 6400km가 넘어요. 이런 종류의 추진 기관은 주로 군용기에 사용되어요.

핵분열

핵분열은 원자핵이 쪼개지는 과정이에요. 모든 원자는 양성자와 중성자로 이루어진 원자핵과 그 주위를 도는 전자로 이루어져 있다는 건 이미 앞에서 배웠어요. 양성자와 중성자가 많이 들어 있는 원자핵을 **무거운 원자핵**이라고 불러요. 일반적으로 원자를 이루는 전자의 수는 원자핵에 있는 양성자의 수와 똑같아요.

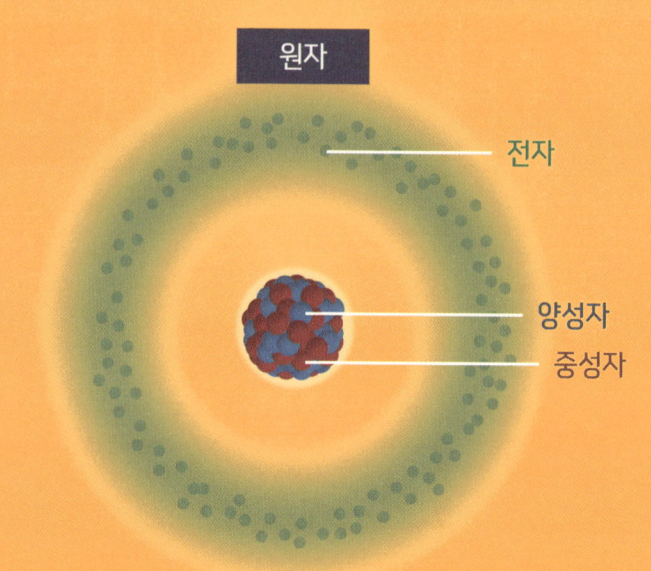

원자 — 전자, 양성자, 중성자

핵분열은 무거운 원자핵이 2개(또는 그 이상)의 더 가벼운 원자핵으로 쪼개지는 과정이에요. 이 과정에서 많은 에너지가 나와요.

일부 원소는 원자핵이 불안정해요. 이런 원소를 **방사성 원소**라고 하는데, 핵분열 과정을 통해 에너지와 입자를 방출해요. 이렇게 나오는 에너지와 입자를 **방사선**이라고 해요.

천연 방사성 원소는 핵분열이 자연 발생적으로 일어납니다. 즉, 폴로늄이나 라듐 같은 일부 원소는 가만히 놓아두어도 저절로 핵분열이 일어나요.

유도 핵분열에서는 인위적으로 원자핵에 중성자를 충돌시켜요. 그러면 원자핵이 불안정해져서 분열하는데, 이 과정에서 입자(대개는 더 많은 중성자)와 많은 에너지가 나와요.

◀ 아인슈타인

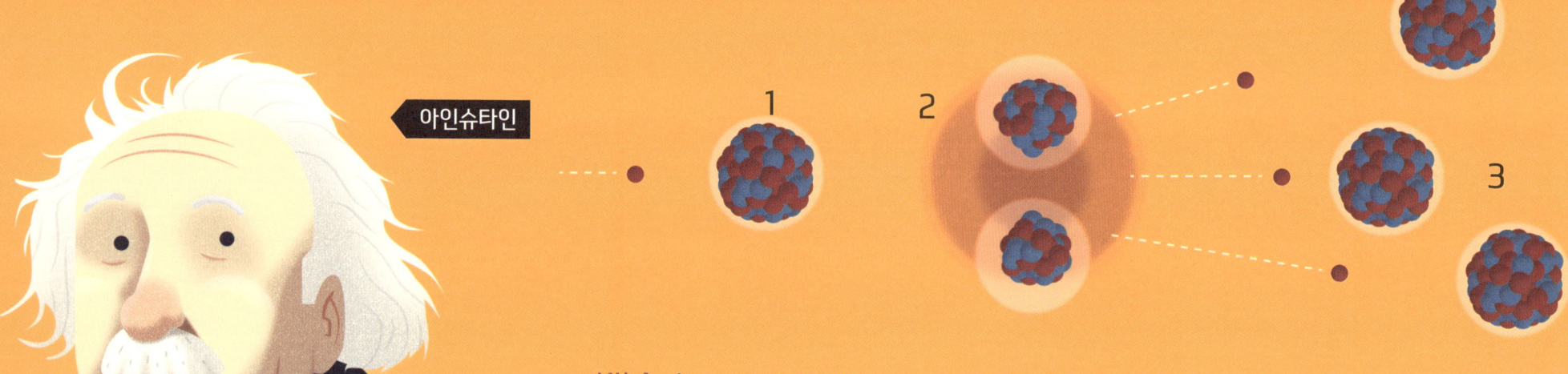

유도 핵분열의 한 예는 우라늄 원자핵에 중성자를 충돌시키는 과정이에요(1).

그러면 원자핵이 불안정해져 분열하면서 더 많은 중성자와 에너지가 나옵니다(2).

이렇게 방출된 중성자들이 다른 우라늄 원자핵들과 충돌하면서 (3) 막대한 에너지가 나옵니다.

핵분열이 일어나기 전과 후의 입자 수를 아주 정확하게 측정하면, 핵분열이 일어난 후의 전체 질량(또는 물질의 양)이 일어나기 전의 질량보다 조금 더 작다는 사실을 알 수 있어요. 이렇게 사라진 질량은 **에너지**로 변해요. **알베르트 아인슈타인**은 사라진 질량이 얼마만큼의 에너지로 변하는지 계산하는 방법을 발견했는데, $E=mc^2$이라는 유명한 공식이 바로 그것이에요. 여기서 E는 에너지, m은 질량, c는 빛의 속도를 가리켜요.

원자력 발전소는 뜨거운 증기의 힘으로 터빈을 돌려 전기를 생산해요. 그런데 증기를 만드는 데 사용하는 연료가 좀 특별한 것이에요. 원자력 발전소는 화학 반응(석탄이나 천연가스를 태울 때처럼 화학 변화가 일어나는 반응) 대신에 핵분열 반응을 이용해요. 화학 반응에서는 분자를 이루는 원자들의 결합 방식이 바뀌는 반면, 핵분열 반응에서는 원자핵을 이루는 양성자와 중성자의 결합 방식이 바뀌어요.

우리는 원자력을 여러 가지 용도로 사용해요. 원자 폭탄은 지금까지 나온 것 중 가장 파괴적인 무기예요. 그리고 일부 군사용 잠수함도 원자력으로 추진되어요. 그러나 원자력이 가장 널리 사용되는 곳은 전기를 생산하는 발전소예요.

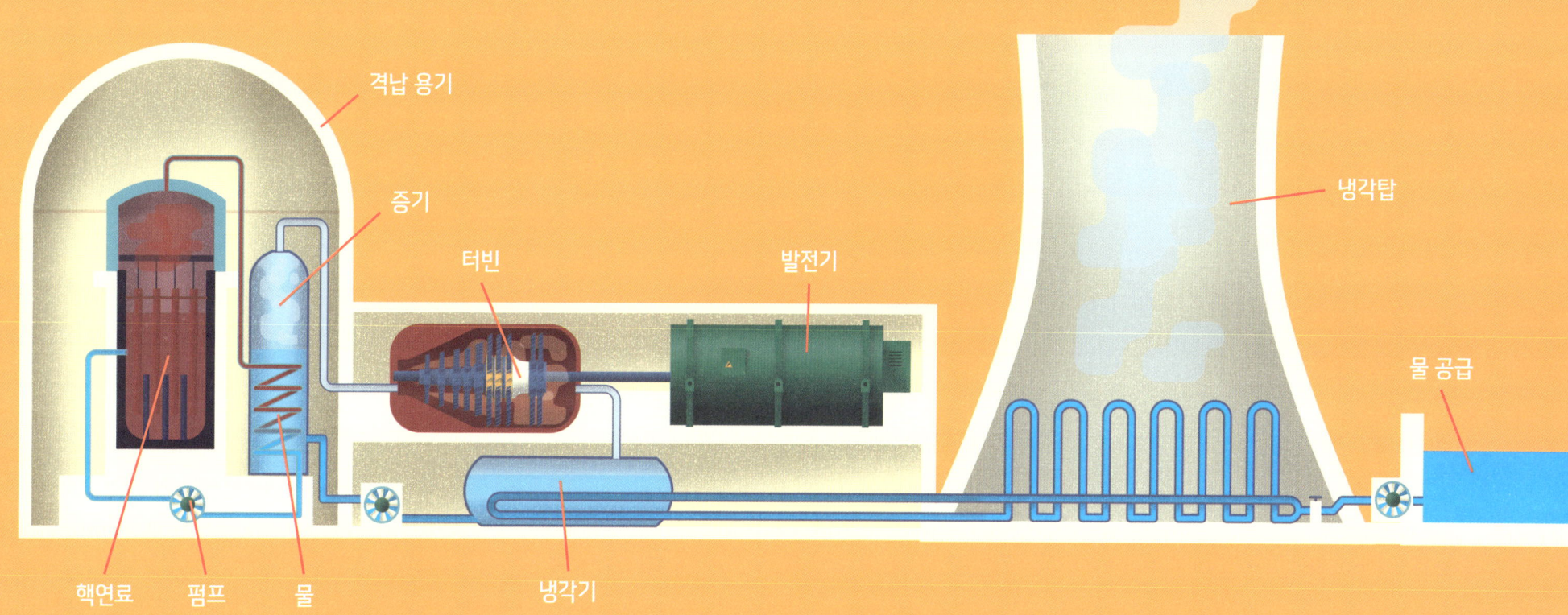

원자력 발전소는 대부분 핵분열 과정에 쓰이는 연료로 우라늄을 사용해요. 핵분열이 일어날 때 우라늄 원자 하나당 방출되는 에너지가 아주 많아서, 비교적 적은 양의 우라늄으로 원자력 발전소를 돌릴 수 있어요. 지구에 매장된 우라늄 자원으로 원자력 발전소의 연료를 수백 년 이상 공급할 수 있어요.

화석 연료를 사용하면 부산물로 온실가스가 생기지만, 핵분열 과정에서는 방사성 폐기물이 생겨요. 방사성 폐기물에서는 방사선이라는 위험한 입자나 전자기파가 방출되는데, 이것은 수천 년이나 수억 년이 지나도 계속 방출될 수 있어요. 이 문제를 완전하게 해결하는 방법은 아직까지 찾지 못했어요. 지금은 방사성 폐기물을 임시 저장 장소에 보관하고 있지요. 우크라이나의 체르노빌 원전 사고나 일본의 후쿠시마 원전 사고가 보여 주듯이, 원자력 발전소에서 사고가 일어나면 돌이킬 수 없이 큰 재난이 발생할 수 있어요.

청정에너지

우리는 석탄과 석유, 천연가스 같은 자원을 너무나도 빨리 소비하고 있어, 21세기가 끝나기 전에 이러한 화석 연료가 바닥날 수 있어요. 그러나 그전에 더 큰 문제가 닥칠 수 있어요. 화석 연료를 이런 추세로 수십 년 더 태운다면, 지금까지 경험해 보지 못한 심각한 기후 변화가 닥칠 수 있어요. 그래서 지역에 따라 심한 가뭄과 폭풍, 홍수, 태풍, 기근이 더 많이 더 자주 발생할 수 있어요.

왜 우리는 화석 연료를 계속 사용할까요?

우리가 화석 연료를 계속 사용하는 가장 큰 이유는 그 편리함에 너무 길들었기 때문이에요. 기반 시설(석유 채굴 장비, 파이프라인, 정유 공장, 주유소 등)이 이미 곳곳에 자리를 잡고 있어서, 새로운 기술로 전환하기 위해 새로운 장비에 투자하는 것보다 기존의 내연 기관을 사용하는 편이 훨씬 쉬워요.

어떤 대체 에너지원을 사용해야 할까요?

현재의 생활방식을 계속 이어 나가려면 엄청나게 많은 에너지가 필요하기 때문에, 여러 가지 대체 에너지원을 개발할 필요가 있어요. 상품을 사거나 여행을 할 때마다 우리는 에너지를 사용해요. 집에 가만히 앉아 있을 때에도 텔레비전이나 냉난방 시설, 냉장고, 조명 기구 등이 에너지를 소비해요. 그리고 이 모든 제품을 만들 때에도 에너지와 자원을 사용하지요.

에너지원 외에 생활방식은 어떻게 바꾸는 게 좋을까요?

다시 사용할 수 없는 물건들은 재활용해야 해요. 재활용하면 새 물건을 만드는 데 들어가는 에너지를 절약할 수 있어요. 재활용은 쓰레기를 줄이는 방법이기도 해요. 쓰레기는 그냥 사라지지 않아요. 일부 쓰레기는 쓰레기 매립지나 산과 바다, 섬 등지에서 수백 년 동안 썩지 않고 남아 환경을 파괴하고 동식물을 위험에 빠트릴 수도 있어요.

전기 자동차

전기 자동차를 이용하면 온실가스 배출을 줄일 수 있어요. 단, 그 전기가 석탄을 때는 화력 발전소에서 만든 것이 아니라, 깨끗한 **재생 에너지원**을 사용해 만든 것이어야 하죠.

바이오디젤

식물로 만든 연료로 자동차가 달리고 기계가 작동할 수 있어요. 그러나 연료용 작물 생산 때문에 식용 농작물 생산이 줄어드는 일이 일어나지 않도록 조심해야 해요.

풍력 터빈

풍력

풍력 터빈은 모양과 작용 방식이 다양하지만, 모두 바람을 이용해 연속적인 운동을 만들어 내고, 그것을 발전기로 보내 전기를 만들어요. 풍력 터빈이 만드는 전력의 양은 풍속에 따라 달라져요. 풍력 터빈은 한 건물에 공급할 전기를 만드는 데 사용할 수도 있고, 전력망에 연결해 다양한 곳에 전력을 공급할 수도 있어요.

풍력 터빈은 현대식 풍차라고 할 수 있어요. 바람의 힘이 축에 붙어 있는 두세 개의 날개를 돌리면, 날개의 회전 운동이 발전기를 돌려 전기를 만들어요.

톱니바퀴를 통해 날개의 운동을 축으로 전달함으로써 축을 더 빨리 돌리고, 그 덕분에 발전기를 더 효율적으로 돌아가게 할 수 있어요.

조수와 파도를 이용해 전기를 만들 수도 있어요.

날개

느리게 도는 축

빠르게 도는 축

발전기

이 터빈은 회전 날개를 사용해 풍력 발전기와 비슷한 방식으로 전기를 만들어요.

이 장치는 파도의 상하 운동을 이용해 발전기로 물을 퍼 올려요.

어떤 풍력 터빈은 높이가 250m가 넘어요. 이렇게 거대한 구조물은 운반하거나 짓기가 쉽지 않아요.

핵융합

원자핵은 양전하를 띠고 있기 때문에 평소에는 다른 원자핵을 서로 밀어내요. 그러나 아주 큰 압력을 받으면 두 원자핵이 서로 충돌하여 더 큰 원자핵으로 **융합**할 수 있는데, 이 과정에서 **아주 많은** 에너지가 나와요. 이 과정을 핵융합이라고 해요.

가장 일반적인 **핵융합 반응**은 중수소와 삼중수소라는 두 종류의 수소 원자핵이 융합해 헬륨 원자와 중성자 1개가 생기는 반응이에요.

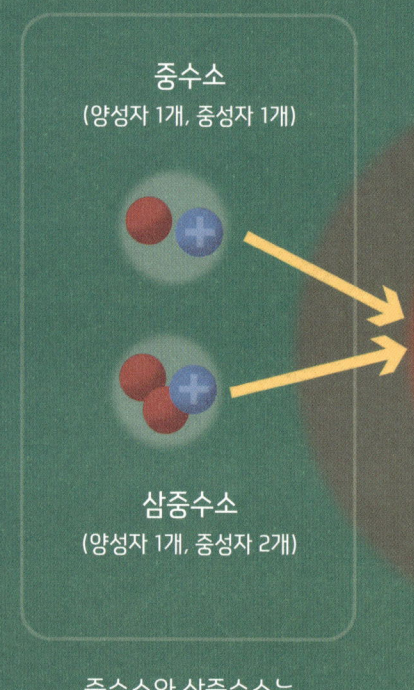

중수소와 삼중수소는 양성자 1개로만 이루어진 수소의 동위 원소예요.

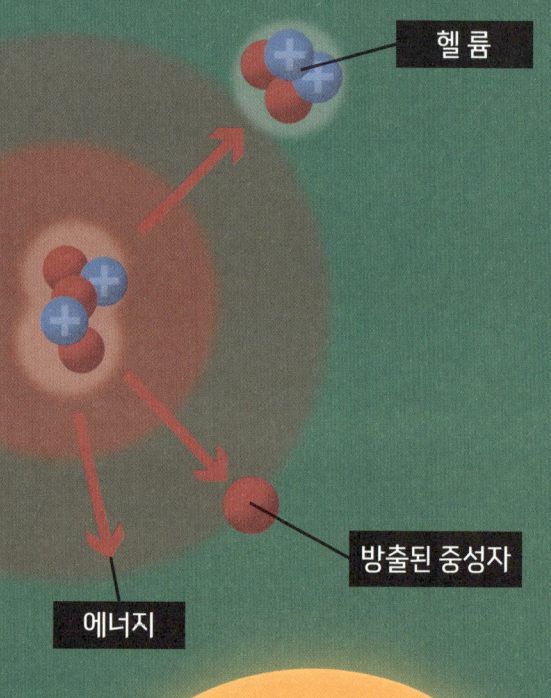

이 핵융합 반응에서는 헬륨 원자핵 1개와 중성자 1개, 그리고 아주 많은 에너지가 나와요. 이 에너지는 처음에 반응한 원자핵들의 질량과 생성된 원자핵(헬륨)의 질량 차이에서 나와요 (아인슈타인의 유명한 공식 $E=mc^2$ 에 따라).

핵융합은 별이 에너지를 만드는 과정이에요. 태양은 아주 뜨거운 가스(주로 수소와 헬륨)가 거대한 공 모양으로 뭉쳐 있는 덩어리예요.

토카막

핵융합 반응을 일으켜 에너지를 얻는 장치예요.

자석
거대한 초전도 자석으로 만든 자기장으로 플라스마를 만들고 가두어 용기 벽에 닿지 못하게 해요.

깨끗한 에너지

핵융합의 연료인 중수소는 바닷물에 들어 있어요. 그래서 전 세계 어디서나 값싸고 풍부하게 얻을 수 있어요. 핵융합 과정에서는 방사성 폐기물이나 온실가스 등이 생기지 않아요.

안전한 에너지

핵분열 반응은 제어 불능 상태에 빠질 수 있는 반면, 핵융합 반응은 높은 열을 만들어 낼 만큼 충분히 오랫동안 유지하기가 매우 어려워요. 그래서 그다지 위험하지 않아요.

무한한 에너지원

현재의 에너지 소비 추세가 계속되더라도, 지구에는 핵융합 연료가 수백만 년 동안 쓸 수 있을 만큼 많기 때문에, 핵융합 반응은 거의 영원한 에너지원이 될 수 있어요.

그런데 왜 아직 사용되지 않고 있나요?

핵융합 반응에 필수적인 충분히 높은 열을 계속 얻으려면, 수소 원자들을 밀폐된 공간에 가둬 놓고 충분히 높은 온도로 가열해야 해요. 그런데 그런 조건을 만들기가 무척 어려워요. 여기에 필요한 온도는 무려 1억 5000만 °C나 되는데, 이 온도에서는 어떤 물질이든지 다 녹아 버리고 말아요. 따라서 이 '초소형 태양'을 지구에서 재현할 수 있는 방법을 찾아야 해요.

ITER(국제 열핵융합 실험로) 프로젝트

핵융합 반응을 에너지원으로 사용할 수 있다는 것을 증명하기 위해 35개국이 참여해 세계 최대 규모의 토카막을 프랑스 남부에 건설하고 있어요. 토카막에서는 수소 2g을 진공 용기에 집어넣고 거대한 자기장 속에 가두어요. 뜨거운 플라스마가 핵융합로 벽을 파괴하지 않도록 하기 위해서지요. 그리고 마침내 온도가 1억 5000만 °C에 이르면, 수소 원자핵들이 융합하기 시작해요.

- 블랭킷
- 극저온 유지 장치: 극저온의 진공 환경을 만들어요.
- 진공 용기
- 플라스마: 아주 뜨거운 이온화 가스 상태예요.

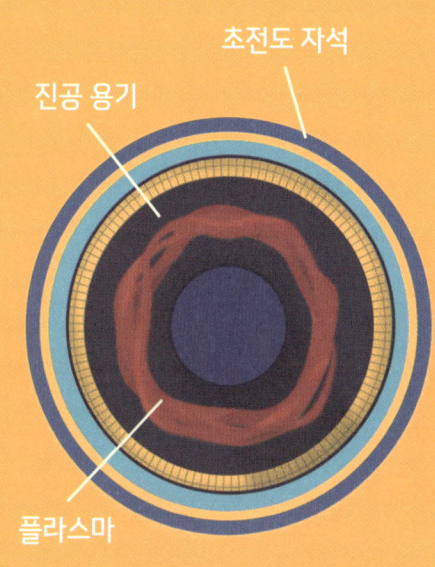

- 초전도 자석
- 진공 용기
- 플라스마

전자기 복사

가시광선은 맥스웰이 전기와 자기의 관계를 밝혀냈을 때 확인한, 폭넓게 존재하는 **전자기 복사(전자기파)** 중 극히 일부분에 지나지 않아요.

전자기 복사는 **파동의 형태로**(연못에서 잔물결이 퍼져 나가듯이) 나아갑니다. 이 파동들은 종류에 따라 **파장**(마루에서 다음 마루 사이의 길이)이 달라요. 파동은 파장이 짧을수록 더 빠르고 에너지가 큰 반면, 파장이 길수록 더 느리고 에너지가 작아요.

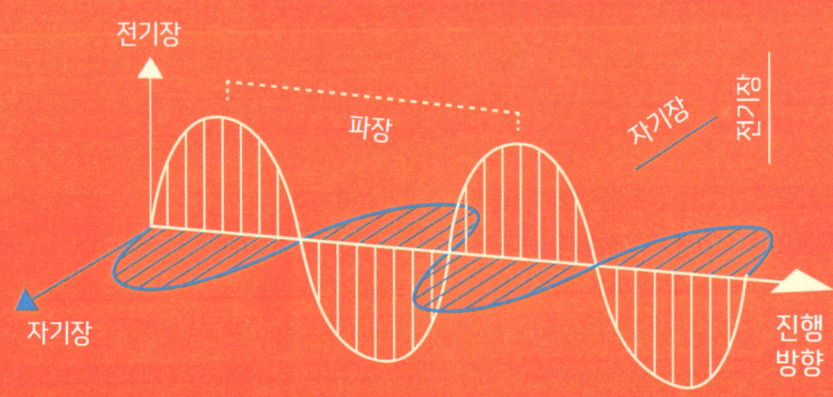

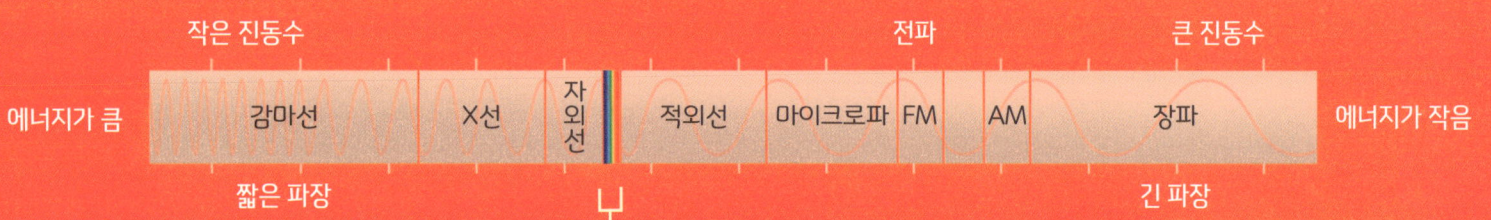

우리는 일상 속의 많은 곳에서 전자기파를 이용하고 있어요.

전체 전자기파 중에서 우리 눈에는 이 작은 부분만 보여요. 이 부분의 전자기파를 가시광선이라고 불러요. 여기에는 무지개를 이루는 모든 색의 빛이 다 포함돼 있어요. 가시광선 밖에도 다양한 파장을 지닌 전자기파가 광범위하게 존재해요. 이 전자기파들은 우리 눈에 보이진 않지만, 그런 전자기파를 만들거나 포착하는 장비를 만들 수 있어요.

전자레인지는 파장이 약 10cm인 **마이크로파**를 사용해 식품을 데우거나 조리해요.

휴대 전화도 **마이크로파** 범위의 전자기파를 사용해요.

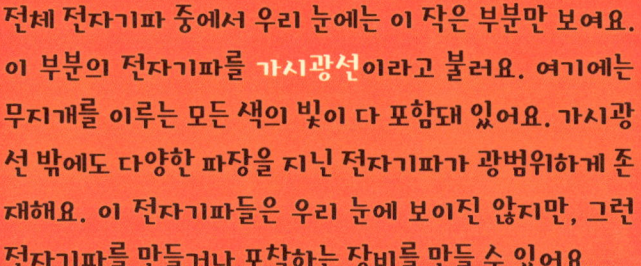

자외선과 X선처럼 에너지가 더 강한 전자기파는 병원에서 사용해요.

리모컨에서는 파장이 약 100만분의 1m인 **적외선**이 나가요.

텔레비전과 라디오는 안테나를 사용해 파장이 약 1m인 **전파**를 수신해요.

태양 에너지

태양은 한순간도 끊이지 않고 엄청난 양의 에너지를 보내옵니다. 사하라 사막에 쏟아지는 햇빛 중 1%의 에너지만으로도 온 세상의 기계를 다 돌릴 수 있어요.

이것은 우리에게 필요한 에너지를 태양에서 전부 다 얻을 수 있다는 뜻이에요. 단, 밤중이나 흐린 날에도 사용할 수 있도록 태양 에너지를 효율적으로 **저장하는 방법**과, 낮에 해가 비치는 지역에서 밤이 되어 해가 비치지 않는 지구 반대편으로 그 에너지를 **보내는 방법**이 필요해요.

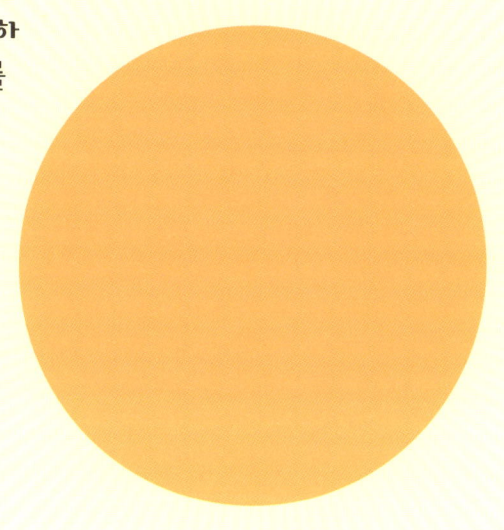

고대 그리스 수학자 아르키메데스는 많은 오목거울을 사용해 햇빛을 모아 한 곳에 집중시키는 방법으로 로마 침략군의 전함들을 불태웠다는 전설이 있어요.

아르키메데스처럼 우리도 돋보기로 햇빛을 한 곳에 초점을 맺게 하는 방법으로 종이를 태울 수 있어요 (이 실험을 하고 싶으면, 반드시 어른의 도움을 받으세요!).

태양 에너지는 재생 에너지로 간주되는데, 우리의 관점에서 볼 때에는 무궁무진한 에너지이기 때문이에요. 태양은 계속 빛을 내는 한, 언제나 엄청난 에너지를 지구로 보낼 거예요. 오늘 우리가 태양 에너지를 많이 썼건 적게 썼건, 내일이 되면 또다시 그만큼의 태양 에너지가 날아올 거예요. 그리고 바람은 햇빛의 열 때문에 생겨나므로, 풍력 역시 재생 에너지예요.

태양 에너지는 지구의 모든 생물에게 필요한 에너지를 공급해요. 우리는 햇빛을 이용해 집을 따뜻하게 할 수 있지만, 그 밖에도 햇빛을 유용한 에너지로 바꾸는 방법이 여러 가지 있어요.

태양은 핵융합 연료가 남아 있는 한, 앞으로도 계속 빛을 내뿜을 거예요. 적어도 50억 년은 더 이 상태로 환하게 빛을 낼 거예요.

물탱크

햇빛이 이 구불구불한 관들에 들어 있는 물을 데워요.

태양열 온수기

전기를 사용하거나 태양 에너지가 저장된 화석 연료를 태우는 대신에 태양열을 잘 붙들도록 집을 설계함으로써 햇빛의 에너지를 직접 이용할 수 있어요. 또, 햇빛으로 직접 물을 데워 온수를 만들 수도 있어요.

태양열 발전소

태양열 발전소는 오목거울을 사용해 햇빛을 물이 든 용기로 집중시켜요. 여기서 만들어진 증기가 터빈을 돌려 전기를 만들어요.

물보다 효율성이 좋은 액체도 있어요. 예를 들면, 소금과 비슷한 화학 물질을 가열해 녹일 수 있어요. 이런 물질은 해가 지고 난 뒤에도 열을 오랫동안 유지할 수 있어, 에너지를 저장했다가 밤중이나 흐린 날에 쓸 수 있어요.

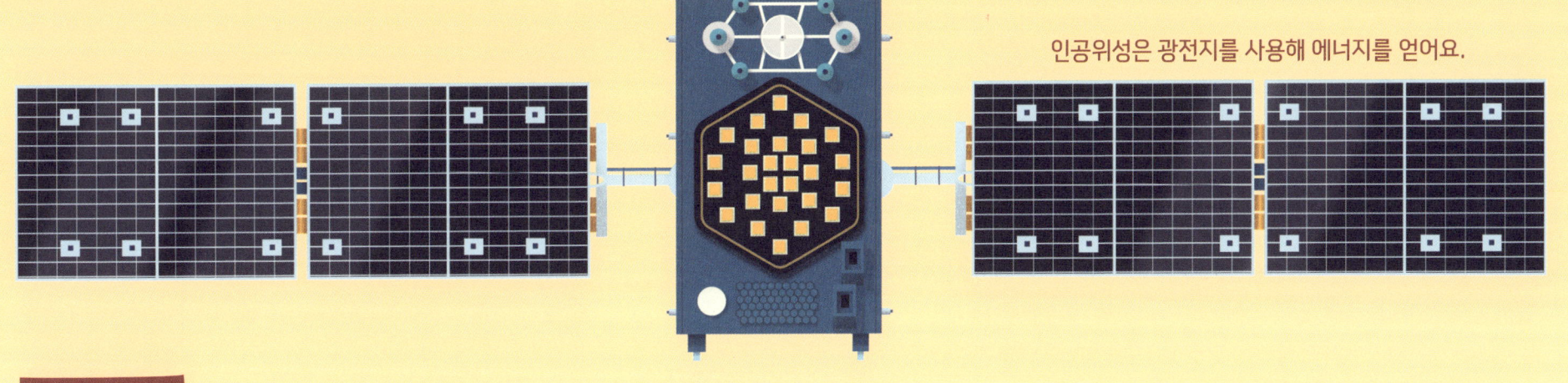

인공위성은 광전지를 사용해 에너지를 얻어요.

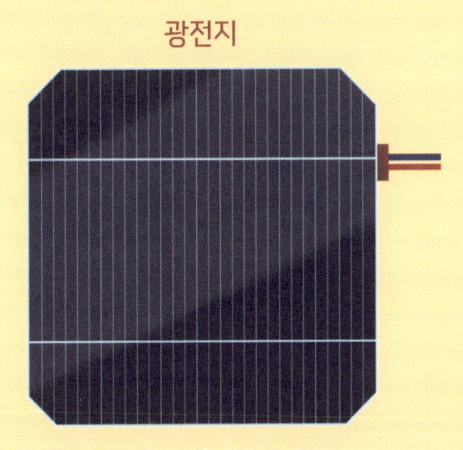

광전지

태양 전지판은 광전지라는 장치로 이루어져 있어요. 광전지의 전자가 빛 입자(빛은 파동처럼 행동하기도 하고, 입자처럼 행동하기도 하는데, 빛 입자를 **광자**라고 불러요)**로부터 에너지를 직접 얻어 움직이면서 전류를 만들어 내요.**

이제 태양 전지판의 생산 비용이 크게 낮아져서 광전지로 만드는 전기가 석탄을 때서 만드는 전기보다 비용이 덜 들 때가 많아요. 풍력 터빈으로 만드는 전기 역시 비용이 크게 낮아졌어요.

태양 전지판은 전력망이 연결되지 않은 외딴 지역의 지붕에 설치해 사용할 수도 있고, 심지어 휴대용 장비에 집어넣을 수도 있어요. 도시나 공장에 공급할 만큼 많은 전기를 생산하려면, 태양 전지판을 넓은 땅에 죽 늘어세우거나 호수에 띄운 바지선에 설치할 수 있어요.

태양 전지판은 낮 동안에 하늘의 태양을 따라가면서 햇빛을 많이 받도록 하기 위해 계속 방향을 바꾸게 할 수도 있어요.

태양 전지판

스마트 그리드

지속 가능한 미래를 원한다면, 에너지를 생산하는 방법뿐만 아니라 사용하는 방법과 배분하는 방법도 바꾸어야 해요.

전통적인 에너지 생산 방법에서는 석탄을 때는 화력 발전소를 필요에 따라 가동하거나 멈출 수 있어요. 태양 에너지와 풍력에 의존하는 비중이 커지면서 더 유연한 전력망을 만들 필요가 있어요. 태양 에너지와 풍력은 하루 중의 시간이나 날씨에 따라 변화가 심하기 때문이지요. 전기 생산과 배분 방식은 갈수록 지역 중심적으로 변하고, 소규모 발전기 사용이 늘어나고, 수요를 정확하게 예측하는 소프트웨어를 사용하게 될 거예요(스마트 그리드란 전력 공급자와 소비자가 실시간으로 정보를 교환함으로써 에너지 효율을 최적화하는 지능형 전력망을 가리켜요-옮긴이).

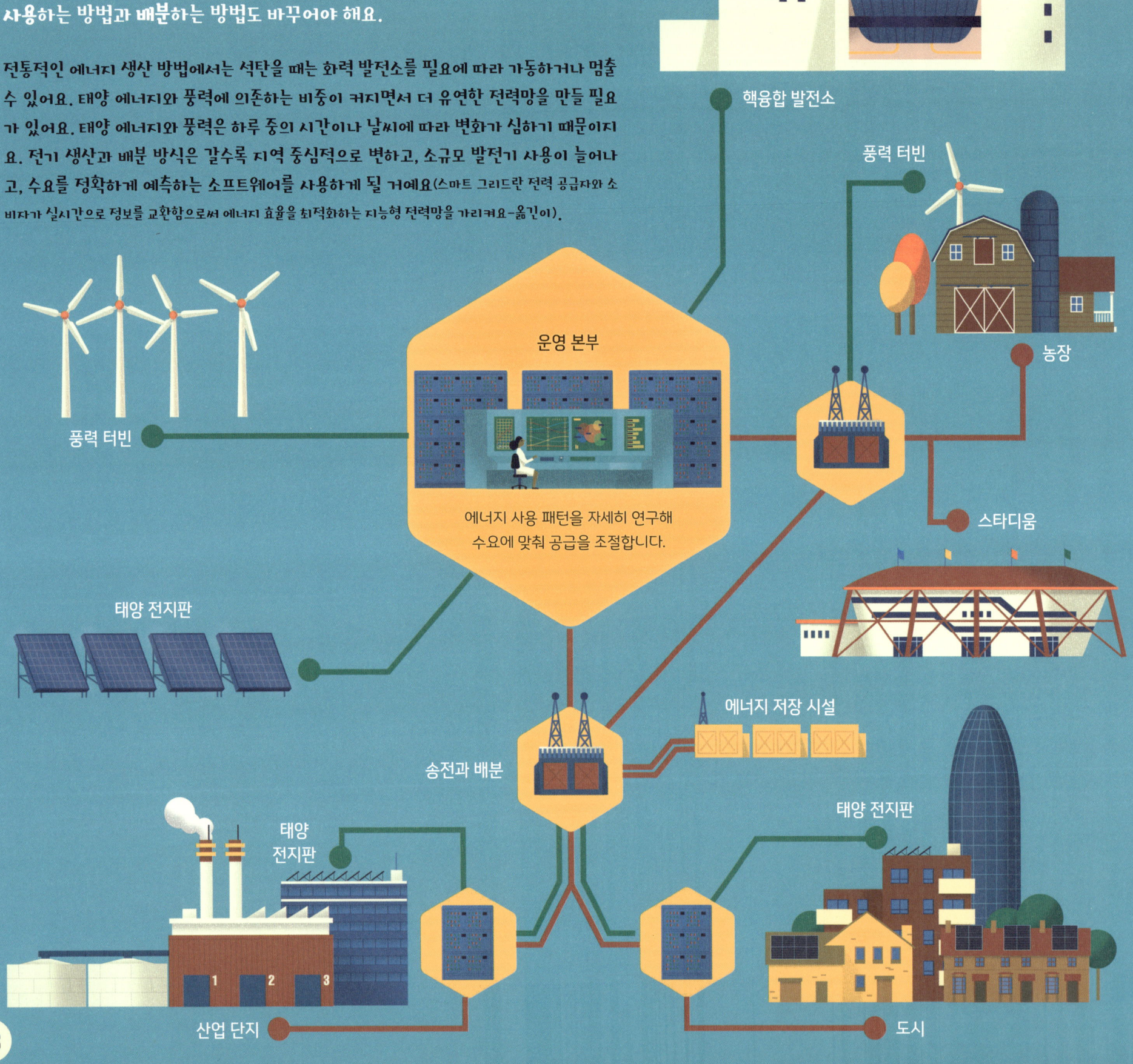

화성을 비롯해 다른 행성을 여행하고 태양계 너머의 세계를 탐사하려면, 에너지를 오랫동안 공급해 주는 에너지원이 필요해요.

우주 탐사

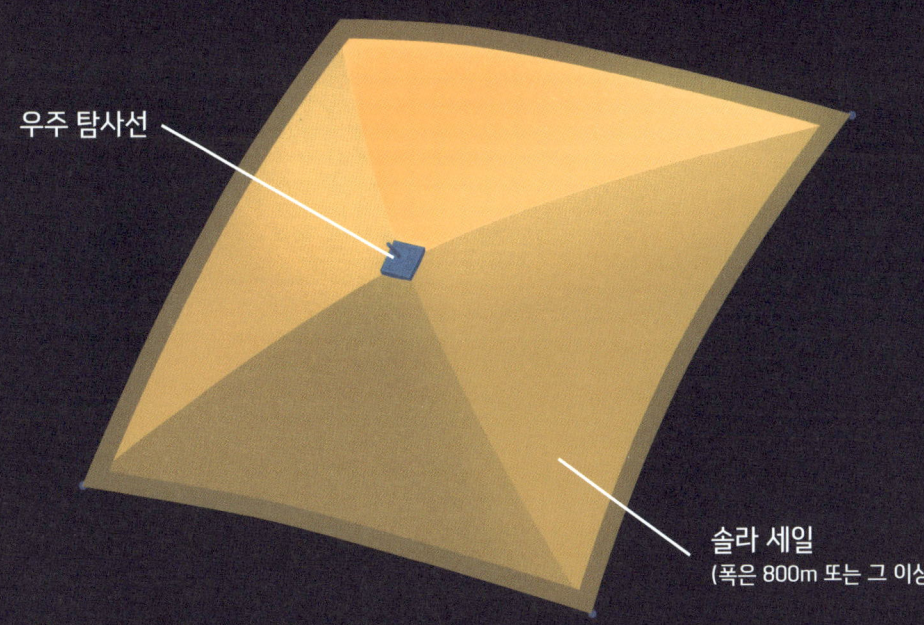

우주 탐사선

솔라 세일
(폭은 800m 또는 그 이상)

솔라 세일(태양광 돛) 은 거울 비슷한 물질로 엄청나게 가벼운데, 범선에서 돛을 펼치듯이 인공위성에서 쫙 펼칠 수 있어요.

솔라 세일은 바람 대신에 햇빛을 이용합니다. 돛에 충돌하는 빛 입자들이 추진력을 제공해 솔라 세일을 나아가게 하지요.

솔라 세일은 우주 탐사선을 먼 우주로 보낼 수 있어요.

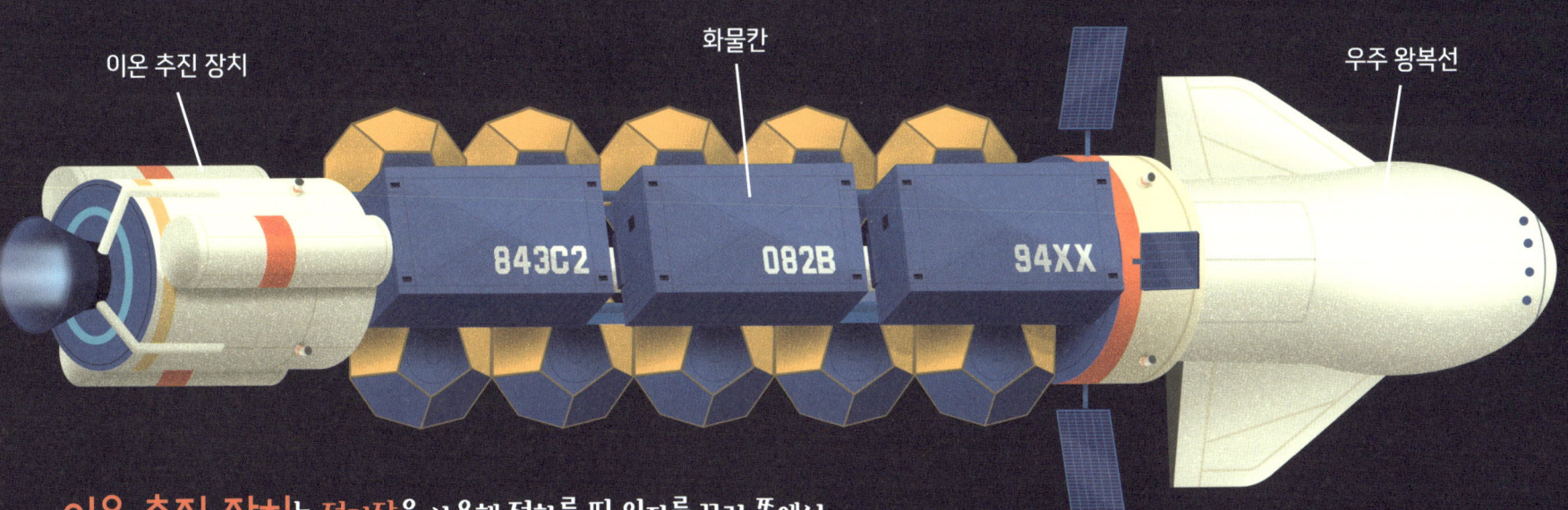

이온 추진 장치

화물칸

우주 왕복선

이온 추진 장치는 전기장을 사용해 전하를 띤 입자를 꼬리 쪽에서 분사해요. 그러면 제트 기관과 같은 원리로 여기서 생긴 추력이 우주선을 앞으로 밀어요.

현재의 기관들보다 훨씬 적은 연료를 사용하면서 우주선을 더 멀리 그리고 더 빠르게 보낼 수 있어요.

이온 추진 장치는 우리가 태양계의 다른 곳에 가서 사는 데 도움을 줄 수 있어요.

49

글쓴이 **요하네스 히른**(Johannes Hirn)

과학 교사이며, 공학을 전공하고, 과학 저널리즘 석사와 물리학 박사 학위를 받았다. 우리를 둘러싼 세계를 이해하고 또 설명하는 것을 좋아한다.

글쓴이 **베로니카 산스**(Veronica Sanz)

영국 서식스 대학교의 물리학 교수이다. 하버드, 예일, 보스턴, 더럼 대학교와 고향에 있는 스페인 발렌시아 대학교에서 근무했다. 하버드 대학교의 풀브라이트 펠로이자 예일 대학교의 마리 퀴리 펠로였으며, 대형 강입자 충돌기–이론 이니셔티브 상을 수상했다.

그린이 **에두아르드 알타리바**(Eduard Altarriba)

그래픽 디자이너이자 일러스트레이터이다. 실용적이고 재미있는 어린이를 위한 게임, 전시회, 애니메이션, 앱 및 워크북 등을 제작하는 독립 스튜디오인 알라발라(Alabala)를 운영하고 있다. 그림을 그린 책으로 『처음 읽는 양자물리학』, 『처음 읽는 상대성 이론』, 『처음 읽는 코스모스』 등이 있다.

옮긴이 **이충호**

서울대학교 사범대학 화학과를 졸업하고, 현재 과학 전문 번역가로 활동하고 있다. 『신은 왜 우리 곁을 떠나지 않았는가』로 2001년 제20회 한국과학기술도서 번역상을 받았다. 옮긴 책으로 『진화심리학』, 『사라진 스푼』, 『이야기 파라독스』, 『화학이 화끈화끈』, 『59초』, 『내 안의 유인원』, 『많아지면 달라진다』, 『루시퍼 이펙트』, 『경영의 모험』, 『우주의 비밀』, 『미적분의 힘』, 『루시—최초의 인류』, 『처음 읽는 양자물리학』, 『처음 읽는 상대성 이론』, 『처음 읽는 코스모스』, 『공포의 먼지 폭풍』, 『흙보다 더 오래된 지구』 등이 있다.

감수 **김선배**

동국대학교 수학과와 물리학과를 졸업한 뒤 동국대 대학원에서 물리학 박사 학위를 받았다. 지금 동국대 자연과학연구원 연구교수 및 강의교수, 동국대 과학영재원 책임교수로 학생들을 지도하고 있다. 새로운 주제를 개발하는 데 관심이 많고, 각 대학의 과학영재원 사사과정 발표대회의 물리학 부문 심사위원을 맡는 등 영재교육 관련 분야에서 많은 활동을 하고 있다.

처음 읽는 에너지

1판 1쇄 발행	2022년 2월 20일
1판 2쇄 발행	2023년 1월 31일
글쓴이	요하네스 히른 · 베로니카 산스
그린이	에두아르드 알타리바
옮긴이	이충호
감수	김선배
펴낸이	조추자
펴낸곳	두레아이들
등록	2002년 4월 26일 제10-2365호
주소	(04075)서울시 마포구 독막로 100 세방글로벌시티 603호
전화	02)702-2119(영업), 703-8781(편집), 02)715-9420(팩스)
이메일 · 블로그	dourei@chol.com / blog.naver.com/dourei

• 책값은 뒤표지에 적혀 있습니다. 잘못 만들어진 책은 구입하신 곳에서 바꾸어 드립니다.

ISBN 979-11-91007-13-8 73420

처음 읽는 시리즈

누구나 이해하기 쉬운 설명, 재미있고 재치 있는 그림과 구성으로
복잡하고 까다로운 과학의 세계를 설명해 주는 '처음 읽는 시리즈!'

처음 읽는 양자물리학
세다드 카이드-살라 페론 글 | 에두아르드 알타리바 그림 | 이충호 옮김 | 김선배 감수

양자물리학이란 무엇이며, 우리 일상생활에 어떤 영향을 미치는가? 까다로운 양자물리학의 역사, 개념부터 이론들까지 양자물리학의 모든 것을 이해하기 쉬운 설명과 그림으로 들려주는 놀라운 책! 아이는 물론 온 가족이 함께 '처음 읽는' 양자물리학 책이다.

처음 읽는 전자기학
세다드 카이드-살라 페론 글 | 에두아르드 알타리바 그림 | 이충호 옮김 | 김선배 감수

오늘날 전기와 자기는 사방에 널려 있고, 전기와 자기 없이 작동하는 것은 찾기가 힘들다. 그런데 전기란 대체 무엇이고, 전기는 자석과 무슨 관계가 있을까? 또 자기란 무엇일까? 더 흥미로운 질문이 있는데, 이 모든 것은 '빛'과 무슨 관계가 있을까? 환상적인 전자기학의 세계를 탐험하다 보면, 이 질문들은 물론 여러분이 궁금해하는 많은 질문에 대한 답을 찾을 수 있을 것이다.

처음 읽는 상대성 이론
세다드 카이드-살라 페론 글 | 에두아르드 알타리바 그림 | 이충호 옮김 | 김선배 감수

아인슈타인의 상대성 이론은 시간과 공간에 관한 이론이다. 그럼, 우리가 다 안다고 생각하는 시간과 공간, 속력, 운동이란 과연 무엇일까? 이 개념을 이해하고 나면 아인슈타인처럼 특수 상대성 이론을 통해 세계를 이해할 수 있고, 실제로 우주에서 일어나는 일들도 알게된다. '처음 읽는' 시리즈 두 번째 책이다.

처음 읽는 미생물의 세계
세다드 카이드-살라 페론 글 | 에두아르드 알타리바 그림 | 이충호 옮김 | 이장훈 감수

땅이건 바다건, 심지어 우리 피부를 비롯해 어디를 바라보건, 모든 곳에는 너무 작아서 보이지 않는 생물이 있는데, 이를 미생물이 부른다. 단 하나 또는 여러 세포로 이루어진 이 작은 생물들은 지구의 모든 생물이 살아가는 데 꼭 필요하다. 미생물 중에는 우리에게 이로운 것도 있고 해로운 것도 있다. 다윈 박사와 함께 흥미진진한 미생물의 세계로 여행을 떠나보자!

처음 읽는 코스모스
세다드 카이드-살라 페론 글 | 에두아르드 알타리바 그림 | 이충호 옮김 | 김선배 감수

우주의 거대 구조를 결정하는 중력부터 빅뱅, 블랙홀, 암흑물질, 암흑 에너지, 우주망, 중력파, 웜홀 등은 무엇이며, 별은 어떻게 태어나고 죽는지, 우주가 팽창한다는 게 무엇인지, 우주는 어떻게 되는지 등 우주에 관한 모든 궁금증을 알기 쉽고 재미있게 들려준다. 우주가 태어난 순간부터 시작해 끝나는 순간까지 우주의 전체 생애를 살펴보는 신나는 여행이 될 것이다.

처음 읽는 건축의 역사
베르타 바르디 이 밀라 글 | 에두아르드 알타리바 그림 | 이섬민 옮김

이글루, 오두막, 대성당, 피라미드, 초고층 빌딩 등 인류의 역사와 함께 발전해 온 건축물과 건축가들의 이야기를 들려준다. 소박한 주택에서 경이적인 마천루, 파르테논 신전에서부터 부르즈 할리파에 이르는 상징적인 건축물들을 시대순으로 흥미롭고 자세히 설명해 준다. 건축의 역사가 이 한 권에 모두 담겨 있다!

처음 읽는 에너지
요하네스 히른·베로니카 산스 글 | 에두아르드 알타리바 그림 | 이충호 옮김 | 김선배 감수

불의 발견, 물과 바람, 열과 증기, 태양열과 원자력 등을 이용해 에너지를 얻는 방법에서부터 에너지를 효율적으로 생산하고 배분하는 스마트 그리드, 우주 탐사선이 에너지를 얻는 방법에 이르기까지 에너지의 생성, 측정, 활용 및 변환 방법과 에너지의 역사를 생생한 그림과 함께 알기 쉽고 재미있게 설명해 준다. 우리 주변 어디에나 있는 '에너지'란 과연 정확히 무엇일까?

'처음 읽는 시리즈'는 계속됩니다!